ANA LÍVIA
E OUTRAS MULHERES

ANA LÍVIA
E OUTRAS MULHERES

Caetano W. Galindo

Cobogó

COLEÇÃO
DRAMA-
TURGIA

Sumário

ANA LÍVIA   11

Notas sobre o texto   69

Leonora (poema cênico)   73

Dossiê *Ana Lívia*: guardados, perdidos e achados   87

Este livro documenta três anos de trabalho com a Cia.BR116 – Teatrofilme, entre a minha participação como tradutor e palpiteiro na montagem de *Molly–Bloom* (2022) e as estreias de *Ana Lívia* (2023) e do breve poema cênico *Leonora* (2024).

No momento em que escrevo esta nota, no começo de 2025, já tramamos coisa nova.

*para Bete Coelho, que mudou a minha vida,
teve a ousadia de acreditar em mim,
a generosidade de me ensinar,
o talento de fazer virar arte*

ANA LÍVIA

(para duas atrizes)

Ana Lívia estreou em 10 de novembro de 2023 no Teatro Anchieta (SESC Consolação), São Paulo.

Texto
Caetano W. Galindo

Direção
Daniela Thomas

Codireção
Bete Coelho e Gabriel Fernandes

Elenco 1
Bete Coelho e Georgette Fadel

Elenco 2
Bete Coelho e Iara Jamra

Elenco 3
Bete Coelho e Vera Zimmermann

Cenário
Daniela Thomas e Felipe Tassara

Produção de cenário
Mauro Amorim

Assistente de direção
Theo Moraes

Direção musical
Felipe Antunes

Assistente de direção musical
Fábio Sá

Figurino
Bete Coelho e Daniela Thomas

Diretor técnico
Rodrigo Gava

Desenho de luz
Beto Bruel

Assistente de luz
Sarah Salgado

Operadoras de luz
Patricia Savoy e Sarah Salgado

Sonoplasta
Rodrigo Gava

Contrarregras
Domingos Varela, Theo Moraes e Laís Damato

Serralheria
Mauricio Zati – Aço Studio Arquitetos

Design gráfico
Celso Longo + Daniel Trench

Diretor de comunicação
Maurício Magalhães

Assessoria de imprensa
Fernando Sant'Ana

Design de mídia social
Letícia Genesini

Assessoria jurídica
Olivieri e Associados

Dramaturgista da Cia.BR116 – Teatrofilme
Marcos Renaux

Local de ensaio
CASAVACA

Produtora executiva
Mariana Mantovani

Direção de produção
Lindsay Castro Lima

Produção
Cia.BR116 – Teatrofilme

She's leaving home (Bye-bye)

Ana, sentada, está lendo, relendo, anotando. Preocupada. Lívia está visivelmente incomodada com um barulho no ouvido. Não para de se mexer.

ANA:
Falha. [*não é uma gralha. Esse e os outros casos que estão por vir devem passar quase despercebidos*]

LÍVIA:
Nada... Foi nada. Sei lá.

ANA:
Tá... mas e essa cara?

LÍVIA:
Nada... Ah... Aquele barulho.

ANA:
O "mar"?

LÍVIA:
Pois é... "o mar".

ANA:
E tá mais forte de novo?

LÍVIA:
Eu nem sei. Pra te ser bem sincera *eu não sei*. Não sei se fica mais forte de vez em quando mesmo, que nem eu te falei, ou se é só uma questão de eu prestar atenção. Ou *não* prestar atenção, né. No fundo eu acho que ele está sempre ali. Aqui, quer dizer.

ANA:
"No fundo"...

LÍVIA:
Então. No *findo*. Esse *zumbindo* assim de onda. Chhhhhhhh-hhhhhhhhh.

Silêncio.

ANA:
Chhhhhh?

LÍVIA:
Chhhhh.

ANA:
Eu te falei que não ia desaparecer. Não tem como. Não adianta, no fundo.

LÍVIA:
"No fundo"...

ANA:
Enfim...

LÍVIA:
Eu lembro que você falou. Eu não esqueço essas coisas.

ANA:
Eu sei...

LÍVIA:
Mas é que às vezes é mais triste.

ANA:
Eu sei...

LÍVIA:
Saber que o mar não vai embora. Nunca mais. Por isso que eu tento não perceber. Agora. Não prestar atenção.

ANA:
Pra não perder a cabeça.

LÍVIA:
[*esse assunto, e essa expressão, é coisa antiga entre elas*] Pra não perder a cabeça. Desde pequena eu achava que...

Ana começa a falar ao mesmo tempo que ela, assim que percebe o que ela vai começar a dizer.

ANA:
Desde pequena você achava que ia ficar maluca se tivesse que viver com esses barulhos no ouvido. Eu sei, eu sei, eu sei.

LÍVIA:
[*como que para si própria*] Mas é de ficar maluca mesmo.

ANA:
Sentir o mundo ir sumindo por trás do barulho. Ir perdendo o mundo.

LÍVIA:
Isso. Chhhhhhhhh...

Silêncio.

ANA:
Escuta, eu tenho que te dizer uma coisa hoje.

LÍVIA:
[*no mesmo tom ainda*] E que que adianta? Se a outra nem tchuns.

ANA:
Escuta —

LÍVIA:
[*interrompe*] Tá "você tem que me dizer uma coisa hoje", pois eu também tenho que te dizer uma coisa. Eu também quero falar, sabe. Não é só você. Eu também tenho voz.

ANA:
Eu... eu não disse que não era pra você falar. Eu só queria... [*num suspiro*] puta que o pariu. É que esse seu assunto agora é o de sempre, meu bem. A gente já sabe, né. E a gente já sabe que não tem o que fazer. Eu sinto muito. De verdade. Mas não tem o que fazer. E eu tenho isso aqui [*mostra o caderno*], que eu *tenho* que te dizer.

LÍVIA:
Hm. Você nunca quer saber, na verdade. Mas ok. Tudo bem. Não faz mal. Não é nada mesmo. Eu *disse* que não era nada, inclusive.

ANA:
[*suspira*] Não. Fala. Você tem razão. Fala.

LÍVIA:
Não tem nada pra falar, Ana. Não tem mais nada pra falar. Pode dizer de uma vez isso aí que você quer me dizer. Eu estou te escutando. Com "mar" ou sem "mar". Eu estou sempre te escutando. Pode dizer. Eu sou toda ouvidos.

ANA:
[*suspira*] Não. Desculpa. Desculpa. Por favor, me fala o que você ia falar. O meu... a minha coisa está escrita aqui. Não dá pra perder. A gente não vai esquecer. *Eu* não vou esquecer. Por isso que eu... que eu pedi pra *ele* escrever, até. Pode falar...

LÍVIA:
Pediu pra ele o quem?

ANA:
Por favor. Fala.

LÍVIA:
É só que é... sei lá.

ANA:
Falha!

ANA:
Um dia esse barulho começa. E você nem se dá conta direito. Eu não sei *quando* que começou. Mas um dia você percebe.

Ele vai tipo tomando espaço dentro da sua cabeça. A maré vai subindo, sabe? E aí uma hora você percebe. E depois que você percebeu pela primeira vez... Ah, minha querida. Aí não tem mais jeito de não saber. Ele fica ali. Que nem você falou. A gente não entende o mar.

ANA:

E você tem que tentar não prestar atenção. Eu já te falei. Tentar não pensar nisso. Tentar não pensar. E pronto final.

LÍVIA:

Pois é. Sorte que eu sou boa nisso. Nessa coisa aí de não pensar.

ANA:

Mas eu sei que não deve ser fácil, querida.

LÍVIA:

Não! Quer dizer. É e não é. O difícil é que você não pode nem saber que está fazendo direito. Porque se você pensa "olha, eu não estou nem prestando atenção naquilo!", na mesmíssima hora você *já está* prestando atenção. É que nem a vida.

ANA:

[*fala junto com ela*] É que nem a... Desculpa. Não era pra te interromper. Não mesmo. É que eu acho... acho importante isso, sabe? Muito pesado e muito importante, meu bem.

LÍVIA:

Acha nada.

ANA:

Acho. Acho, sim. E você tem razão. É que nem a vida. Ou o contrário da vida, né. Porque está ali o tempo todo. E cada vez mais. E não há de ser por acaso que esse zumbido, esse tinido, essa onda de ruído na cabeça da gente vai ficando mais forte com a idade, né. É a mor —

LÍVIA:
[*interrompe*] Ah. Nem adianta. Não é isso. É só... enfim. Nem é nada. O negócio é não pensar e pronto. Ponto. Fim.

ANA:
Olha... Pode ser. Pode até ser. Mas uma hora você vai ter que...

LÍVIA:
[*interrompe, animada*] Você lembra quando a gente ia brincar lá na beira do lago?

ANA:
Eu tinha que te falar uma coisa, lembra?

LÍVIA:
Ah, sim. Claro. E tem que ser hoje, e precisa ser agora. Muito que bem. Pode dizer, que eu tenho certeza que é mais importante.

ANA:
Mas eu... [*suspira*] Foi você que não quis mais falar do... Eu deixei você falar e —

LÍVIA:
[*interrompe*] Muito obrigada por me deixar falar. Você é um amor.

ANA:
Você sabe que não é isso. Você *sabe* que não é isso.

LÍVIA:
[*sorriso que se escancara lentamente*] Claro que eu sei, sua tonta. Sacaneando com você. Não sei como que você ainda cai. Bocó veia que você é.

Ana olha para ela longamente. Muito longamente. E para o caderno que tem na mão. Como se estivesse considerando se deve ou não dizer o que precisa dizer.

ANA:
... Então.

LÍVIA:
Então?

ANA:
Então... [*pausa*] Isso aqui [*o caderno*], eu pedi pra ele escrever pra mim.

LÍVIA:
Como assim? Ele o quê? Escrever pra *você*? E eu? Iiiiiih, sei não. Eu sabia que isso ia ser esquisito. Na hora, na horinha eu soube. Eu farejo essas coisas! No que eu te vi com essa cara, com esse caderninho na mão, e me vindo com essa de "eu tenho que te falar um negócio"... Certeza que boa coisa não era.

ANA:
Não é *nada* disso. Não tem nada a ver com isso. Isso aqui não é teatro, não tem nada a ver com teatro, mulher. Eu pedi pra ele escrever porque é isso que ele faz da vida. E eu não. Eu só digo o que os outros escreveram. Lembra? Ele que escreve. E eu precisava te falar uma coisa, e não tinha a menor confiança

na minha capacidade de dizer. Eu ia me perder. Eu sei que eu vou me perder. No fundo. Aí eu pedi pra ele escrever tudo pra mim. Aqui, ó.

LÍVIA:
Pra ele escrever o que você queria me dizer. Iiiiiih... Falei que esse troço tava esquisito. Como é que ele ia saber o que você queria dizer, mulher? Como é que vai ser de verdade se foi outra pessoa que escreveu pra você falar? [*no meio da fala seguinte de Ana, Lívia de novo repete:* "No fundo..."]

ANA:
Ele não *me* escreveu. Ele escreveu *pra mim*. Fui eu que disse pra ele, direitinho, as coisas que eu precisava te falhar. Ele só escreveu de um jeito, assim, organizadinho. Pra eu não me perder. Pra eu poder te dizer tudo que eu queria... tudo que eu *preciso* te dizer.

LÍVIA:
[*fala já por cima das últimas sílabas*] Você lembra quando a gente foi brincar lá na beira do lago? Que choveu? Lembra aquele dia que choveu na beira do lago, Ana?

Ana baixa a cabeça; esfrega os olhos.

LÍVIA:
O que foi?

ANA:
Diz pra mim, então.

LÍVIA:
Mas como é que eu vou poder dizer, se é você que está com o tal desse caderninho aí na mão?

ANA:
Não isso. Não *isso*. Isso aqui não vai sair daqui. Fala essa coisa da chuva, então.

LÍVIA:
Porque aparentemente quem tem segredos aqui, e contatos secretos e encontros e coisa e tal é só você, né. Eu? Nunquinha. Quem tem esse tal desse caderno precioso é você. Como é que *eu* ia te dizer o que você tem pra dizer?

ANA:
Não é isso, e você já entendeu que não é isso.

LÍVIA:
Entendi? Não sei nem se me convenceu essa história de você ter que pedir pra ele escrever o que você precisa tanto, mas tanto, mas *tanto* me dizer. E onde foi que você encontrou com ele? Quando foi que ele veio aqui? Por que que ele não veio falar comigo?

ANA:
Ele passou o dia aqui ontem. Eu pedi pra ele vir, e ele veio.

LÍVIA:
E eu?

ANA:
Eu o quê? Que é que tem você?

LÍVIA:
[*murmura*] A via a sola a fim a flora a vinda ao sim a flora a vinda ao sim ao. [*em voz alta*] Sabe que eu também ando falando sozinha?

ANA:
[*atropelando o fim da fala*] Deu pra perceber.

LÍVIA:
Eu ando falando sozinha, sim senhora, sem a senhora, minha senhora. Só com ele. Ele. Mas é sobre umas coisas reais, assim de verdade. De teatro. Pronto. Teje dito. O negócio é que você acha que está indo e eu já estou voltando, Donana.

ANA:
[*impaciente, o que é seu tom mais comum hoje*] Quando, querida? Quando foi que você falou com ele se você não sai mais dessa caixa desde que ele... se você não fala com ninguém, nem sabe nada do mundo? Você sabe que dia é hoje, meu bem? Você sabe alguma coisa do mundo que não seja o que eu te digo todo dia?

LÍVIA:
[*ignorando o que ela disse*] Sobre a coisa do rio. Aquele nosso projeto antiiigo. Parece que agora vai, sabe? Ele disse que o texto está quase pronto. E que é pra UMA atriz, *sabe*? "Uma" só *uma*. "Meu bem."

ANA:
[*como se estivesse falando com outra pessoa*] "A coisa do rio." [*de volta*] Não existe esse texto do rio. Eu já te disse. *Ele* já te disse, até. [*imitando o "antiiigo"*] Aaaaanos atrás. Você que teima que não entende. Não tem texto, não é texto. Não é nem é língua de gente aquilo que você queria.

LÍVIA:
Você que acha. *Você* que não entende. "No fundo".

ANA:
[*Santa mãe de Deus.*]

LÍVIA:
Não me faz essa cara, não. Eu falei com ele, sim. Eu tenho os meus contatos com o mundo, sim. Euzinha. Que ainda estou com esses meus dois pés lindos bem fincados no chão. E ele me deu uns pedaços do texto, e-eu-até-já-de-co-rei. Quer ouvir?... Tá lindo, viu?... Tá uma "coisa"...

Longo silêncio.

ANA:
Escuta, eu tenho *mesmo* que te dizer isso aqui. É a coisa mais importante que eu tenho, que eu tive, que eu tenho pra te dizer... Pode ser?

LÍVIA:
Claro, Ana. Claro... Claro que tudo bem. Essa coisa toda do texto, do rio. Isso tem tempo, sabe? Tá tudo aqui. [*aponta a cabeça*]. Eu não preciso nem andar com o meu textinho escrito pra lembrar, de tão importante que é pra mim. Mas tem tempo. Sem pressa. Pode dizer o que que você quer. Eu estou te ouvindo.

ANA:
Obrigada.

LÍVIA:
Mas, mas, mas como é que ele não me viu aqui com você?

ANA:
Vo vo você tinha ido passear com o cachorro.

LÍVIA:
[*legitimamente assustada*] O nosso cachorro?

ANA:
"O nosso cachorro..." O nosso cachorro, meu bem.

LÍVIA:
[*tenta uma nova abordagem*] Você lembra aquele poema do oceano?

ANA:
O do cachorro?

LÍVIA:
Isso. O do oceano. Claro que é o poema do cachorro.

ANA:
Lembro, você sabe que eu lembro. Só que às vezes eu não lembro.

LÍVIA:
Eu sei. Diz pra mim?

ANA:
O poema?

LÍVIA:
Isso. O do oceano.

ANA:
Eu não lembro o poema, eu acabei de te dizer. [*em dúvida*] Eu lembro que acabei de te dizer... Aliás... é bem disso que eu tenho que te falar.

LÍVIA:

Só que não precisa lembrar, *amore mio*.

ANA:

Como é que não precisa lembrar se você quer que eu te diga o poema?

LÍVIA:

[*cantarola*] Não precisa lembra-ar... [*pisca, coquete*]

ANA:

[*sorri sem querer*] Como é que eu não preciso lembrar o poema pra poder dizer a porra do poema pra você?

LÍVIA:

[*feliz*] O poema do cachorro! O mar!

ANA:

Isso. Por quê, meu bem?

LÍVIA:

[*triunfante*] Porque está escrito bem aí no seu caderno!! [*pausa*] E foi *eu* que escrevi!

ANA:

No *meu* caderno? Quando foi que você mexeu no meu caderno? [*folheando*] Eu não largo dele nunca.

LÍVIA:

Aí. Bem no finzinho. No... assim, no verso da quarta capa. Eu vi. [*fala sozinha*] Será que é terceira capa que fala?

ANA:

Pai amado. Não é que tá aqui mesmo. E essa letra é sua?

LÍVIA:
Uai. Há de ser, né.

ANA:
[*tentando ler*] Não parece nem a sua letra nem a minha mais.

LÍVIA:
Por essa você não esperava, né. Eu sempre apareço onde você nem imagina.

ANA:
Como é que você esqueceu no meu caderno?

LÍVIA:
Chhhhhh.

ANA:
[*está de fato exaltada com essa "perda de controle" sobre algo seu*] Sério. Como foi que você escreveu no meu caderno?

LÍVIA:
Você tinha saído.

ANA:
Tá. Eu tinha saído...

LÍVIA:
Isso... Pra... pra passear com o cachorro...?

ANA:
Passear com o cachorro... certo... a gente tinha um cachorro mesmo.

LÍVIA:
Você não vai agora querer me acusar de mexer nas suas coisas só porque eu...

ANA:
[*começa a dizer o poema sem ouvir o que ela está falando*]
Saí bem cedo, com meu cão,
Pra ir rever o mar;
Sereias, vindas do porão
Quiseram me espiar.
Fragatas no primeiro piso
Me estendem corda exposta,
Pensando que eu fosse um ratinho
Perdido ali na costa.
Homem nenhum me comoveu,
Mas vem o mar e pisa
O meu sapato; e molha a saia
Chegando à beira da camisa.
E como gota, toda orvalho,
Sobre um dente-de-leão,
O mar quis me engolir:
E eu saí, também, então.
Mas ele veio logo atrás;
Seus passos prateados
Na minha perna; e meus sapatos:
Cobertos, todos perolados.
Cheguei até a cidade, firme por demais,
Terreno que ele nem reconheceu;
E com um gesto, e um vasto olhar,
O mar me deu adeus.

Longo silêncio.

LÍVIA:
Às vezes, quando a gente fica quietinha desse jeito, parece que eu não consigo escutar mais nada, só esse barulho na minha cabeça.

ANA:
[*não imitando o mar, mas tentando acalmar a outra*] Chhhhhh. [*lentamente. Sem convicção de que deseja ser ouvida*] Eu estou correndo, querida.

LÍVIA:
Eu sei que faz tempo. Não tem por que a gente ficar fingindo. Ficar fugindo do barulho, do mar e de tudo. O cachorro.

ANA:
Ele vem atrás, né.

LÍVIA:
Ele vinha atrás. Por mais que a gente tentasse não deixar às vezes. Você lembra aquela vez lá no lago?

ANA:
Se eu lembro aquela vez lá no lago?

LÍVIA:
Ele sempre vem atrás.

ANA:
Me conta isso da chuva, então.

LÍVIA:
Por quê? Ah... Olha, Ana. Você nem acredita que eu ando falando com ele e que ele me passou o texto. Você nem acredita que o texto é texto. Pra que é que você ia querer saber do tal do texto agora? Acho que já está bem na hora da gente ir parando com joguinho de cena.

ANA:
Eu não tenho a menor ideia do que você está falando. De verdade.

LÍVIA:
Aliás, como é que a senhora sabe que tem esse negócio da chuva no texto que ele me passou?

ANA:
Não que seja grandes novidades eu não entender o que você está querendo me dizer. Às vezes eu acho que você que é o meu mar, sabe? Chiando no meu ouvido o tempo todo e me mandando calar a boca. Chhhhhhhhhh.

LÍVIA:
Do que é que você está falando agora?

ANA:
Da chuva do dia do lago, que nem você tava dizendo. Você falou que choveu naquele dia, do lago... Da gente no lago.

LÍVIA:
Claro que choveu. Você tava lá, Ana. Para com isso. Você está me assustando hoje.

ANA:
Por que é que você queria falar desse dia agora, meu bem?

LÍVIA:
E por que é que você falou que está correndo?

Ana parece continuar por um tempo lendo o poema do verso da quarta capa, e depois volta às páginas do caderno.

ANA:
Morrendo, meu bem. Morrendo.

LÍVIA:
Bem a sua cara.

ANA:
Então.

LÍVIA:
Então o quê...

ANA:
Porque é verdade, meu bem.

LÍVIA:
[*subitamente enfurecida, como se algo de fundamental estivesse ameaçado*] Você não me comece com isso de novo! Você não me venha com essa!

ANA:
Foi por isso que eu pedi pra ele escrever. Porque eu realmente queria te dizer essas coisas assim de uma tacada só, organizadinhas, pra ver se eu mesma consigo passar por isso, sabe? Porque não vai ser fácil. Não vai.

LÍVIA:
[*parece irritada*] Você acha que sabe mais do que eu. Da "vida".

ANA:
Isso faz sentido pra você? Isso que eu estou te dizendo?

LÍVIA:
Eu não entendo por que você acha que eu não dou conta dessas coisas. Você sempre me achou burra, né. Me achou menos...

Aquele dia que choveu, por exemplo. Lá no lago. A senhora pode não lembrar, mas quem deu um jeito pra todo mundo não morrer *afogado* aquele dia fui euzinha aqui. A tonta. E quem está lidando faz aaaanos com isso tudo da morte do cachorro, quem teve que lidar com a morte do cachorro também fui euzinha. A boba. E sozinha. Só eu. Não sei como é que você não entende que a gente é a mesma coisa.

ANA:
Ninguém correu risco de morrer afogado naquele lago, meu bem. Quer dizer, por causa da —

LÍVIA:
Ah, então você lembra, né. Que a gente quase morreu!

ANA:
Eu vou morrer de verdade, meu bem. Sem lago, sem cachorro, sem nada. Mais ninguém. E eu me torço, eu me retorço de medo de acabar tendo que ser eu mesma, e sem você. Não é uma história antiga de lago com chuva, não é uma história de um cachorro que morreu quando a gente era criança —

LÍVIA:
[*interrompendo*] Ah, mas a gente não era criança *mesmo*! A gente nunca foi criança!

ANA:
Você me entendeu.

LÍVIA:
Claro. [*murmura*] Ah fim sem findo enfim enfim enfim...

ANA:
Você me entende melhor que eu mesma, né, querida?

LÍVIA:
Claro.

ANA:
Então deixa eu te falar.

LÍVIA:
Mas você lembra *como* o cachorro morreu?

ANA:
Meu santo Deus, será que você não consegue escutar um minuto sem mudar de assunto?! Você não percebe que eu estou aqui me rasgando, querendo te dizer a coisa mais importante que eu já te disse? Parece que você fica de propósito com essa de doida, de não prestar atenção. Parece até maldade. Parece cruel, sabe?

LÍVIA:
Você lembra *como* o cachorro morreu?

ANA:
Você está me ouvindo? Você está aí? Você é uma pessoa de verdade? Você existe???

LÍVIA:
E você? Fica aí me acusando de tudo quanto é coisa e não reconhece que desde o começo sou eu que estou te fazendo uma pergunta. Fácil apontar esse dedinho, vir com esse caderno entupido de um texto comprado pronto. Difícil é conversar de verdade com uma pessoa de verdade, né? Você *lembra como* o cachorro morreu? O nosso único cachorro?

ANA:
Claro que eu lembro. Ninguém esquece uma coisa daquelas.

LÍVIA:
Então conta pra mim como que foi. Se não for pedir demais pra sua senhoria.

ANA:
Por que isso agora, meu bem? Por que esse sarcasm —

LÍVIA:
[*fala ao mesmo tempo*] Por que esse sarcasmo... Às vezes você me cansa. Eu não estou sendo sarcástica. E é exatamente isso que você nunca consegue entender. Que é *de verdade*. Me conta como que o cachorro morreu, por favor. Se não for incômodo. E "sem sarcasmo"...

ANA:
[*respira fundo*] Você saiu para passear com ele, ele escapou da coleira pra correr atrás de uns bichos e dormiu. [*se corrige*] Sumiu. A gente achou ele boiando no lago, lá do outro lado do lago, só no dia seguinte. Pequeninho. Boiando. Parece que ele se enroscou nas plantas do banhado e acabou se afogando na água rasinha. Ele, sim, que morreu afogado.

As duas param em silêncio, lidando com a memória, mas Lívia está mais incomodada.

LÍVIA:
Já imaginou ele afundando ali?

ANA:
E você por acaso escutou o que eu estava dizendo?

LÍVIA:
Não, querida. Não é falar *do que* aconteceu. Eu estou falando de imaginar o que ele sentiu quando percebeu que não ia conseguir sair. Que não tinha escapatória. Com a cabecinha embaixo d'água. Naqueles segundos. Desesperado. Se batendo. Até não aguentar mais. Até sentir que ia estourar e tentar respirar água. Encher o pulmão com aquela água suja e afundar pra sempre...

Silêncio.

ANA:
... Ontem ainda eu tava lembrando.

LÍVIA:
Eu vi.

ANA:
Viu?

LÍVIA:
Vi. Eu tava olhando. Eu vi tudo. Você que não sabe. Ana, Ana, Ana... tem tanta coisa que você não sabe...

ANA:
Você e ele ali na beira do lago... Eu... Posso ler o texto, agora?

LÍVIA:
Ninguém está te segurando.

ANA:
[*abre o caderno, apoiado à sua frente*] Ana, sentada, está lendo, relendo...

LÍVIA:
Oi?

ANA:
Ana, sentada, está lendo, relendo, anotando, preocupada.

LÍVIA:
Ele escreveu até as rubricas??

ANA:
Pois não é que... Ele escreveu as rubricas mesmo. Eitaqueusparalho!

LÍVIA:
Você lembra quando ele escreveu a cena do lago? Eu achei que ele já tivesse superado essa pira de controlar até o cenário. Ele antes era impossível com essas coisas, mas nessa peça agora, nessa do rio, que ele está combinando comigo, a coisa é muito mais livre. Muito mais... fluida mesmo. Vai ver que é por ser um rio. Engraçado. Nunca tinha pensado nisso. Coisa mais doida.

ANA:
Parece que é uma merda de uma história escrita por um zé-ninguém sem noção de porra nenhuma. Isso é que é. Uma coisa só cheia de som. De som e só. Por isso que nada faz sentido. Por isso que nada é o que devia ser. [*ela de repente se desanima completamente, como que desinfla*] Se tivesse justiça... Se fosse tudo certo...

Lívia coloca um copo d'água sobre a mesa, do ladinho da Ana:

LÍVIA:
[*recitando quase num murmúrio os mesmos pedaços do monólogo final*] Ah fim sem findo enfim enfim enfim... A via a sola a

fim a flora a vinda ao sim a flora a vinda ao sim sem fim enfim enfim enfim.

ANA:
Que diabo é isso que você anda resmungando?

LÍVIA:
Lembra aquele poema da morte?

ANA:
[*suspira*] Por acaso alguém teria copiado aqui pra mim também?

LÍVIA:
Nossa! Como é que você sabia!? Você é impressionante às vezes, sabe? Acho que sim, viu? Tá aí pra você, caso viesse a calhar, né. Lá no verso da capa, bem miudinho. [*para si*] Será que é segunda capa que fala?

ANA:
Claro... Por que é que você está nascendo isso? Plantando essas coisas no *meu* caderno. Isso aqui é a minha memória, meu bem. E não dá pra você ficar mexendo na memória de outra pessoa. Eu sou *outra pessoa*, lembra? Outra voz. Outro marulho. E você precisa ter limite. Você não pode invadir a minha vida desse jeito. Com água, por exemplo... Por exemplo! Quem foi que te falou que eu queria água? Aí você me aparece com esse copo aqui, que pode muito bem cair de repente e apagar o meu caderno todinho, me *borrar* daqui, e você acha que me fez um grande favor porque me trouxe essa água que você nunca, nunquinha, nem perguntou se eu queria.

LÍVIA:
Você queria água, Ana?

ANA:
Você não pode ficar mexendo nas minhas coisas. [*lendo*] Ah... *esse* poema. Isso aqui não é a sua letra *mesmo*.

LÍVIA:
Você lê o poema pra mim — Ó, outra pessoa da minha vida?

ANA:
[*sem se sobrepor*] "Você lê o poema pra mim?" E quando foi que eu neguei? Eu só não gosto dessa sensação de você ficar transbordando os seus limites e me invadindo. Eu já estou passando por bastante coisa, se é que você quer saber. Mas o negócio é bem esse. Você não quer saber.

LÍVIA:
[*falando por cima das últimas palavras*] Lê o poema, Ana...

ANA:
"Lê o poema, Ana..."
Não entres mansa nessa doce escuridão,
A idade há sempre de se opor ao fim do dia;
Grita, grita, evita a morte do clarão.
Por mais que os sábios saibam sempre que era em vão,
Já que seu verbo agora não reluziria:
Não entram mansos nessa doce escuridão.
Os últimos dos bons, vendo a cintilação
Dos passos que seu parco mérito daria,
Gritam, gritam, contra a morte do clarão.

Os loucos, com a luz e a voz do sol na mão,
Que só agora sabem quanto isso doía,
Não entram mansos nessa doce escuridão.

Os moribundos, cegos de tanta visão,
Ao ver que a luz de um raio um cego alegraria,
Gritam, gritam contra a morte do clarão.

Você, irmã, do alto dessa solidão,
Me xinga, chora, me abençoa, eu pediria:
Não entres mansa nessa doce escuridão.
Grita, grita, evita a morte do clarão.

LÍVIA:
Nossa, como isso é bonito. [*espera*] Você não acha não?

ANA:
[*espera bastante antes de responder*] Claro que eu acho. Você sabe que eu acho. Você sempre soube.

LÍVIA:
"Não entres mansa nessa doce..." Impressionante. Você quer me ler a sua coisa, agora? Anda. Vai. Lê. Desentala esse treco de uma vez.

ANA:
Isso é um recado? Isso tudo foi pra me dar um recado?

LÍVIA:
Não tenho ideia do que você está falando. Anda. Lê.

ANA:
[*lendo*] A luz retorna ao estado anterior. Merda! Deixei passar essa ainda... [*rabisca mais essa rubrica*]... [*volta a ler*] Então... Eu preciso te dizer um monte de coisa. E eu quero que você escute. Eu quero que você raspe todo tipo de força e de paciência que conseguir encontrar aí dentro. Porque eu preciso. Preciso disso e preciso de você. E vou precisar ainda mais, minha querida.

LÍVIA:
Você nunca me chama de minha querida. Mornalmente é "meu bem". Vacilo, isso, da parte dele. Conhecendo a gente que nem ele conhece. Impressionante, viu?

ANA:
Eu vou me apagar e me dissolver. E logo.

LÍVIA:
...

ANA:
Meu bem, eu vou me dissolver.

LÍVIA:
Isso! Mas o mais normal é ser no fim, assim: "Eu vou me dissolver, meu bem."

ANA:
...

LÍVIA:
Eu presto atenção nessas coisas.

ANA:
Meu bem, eu vou morrer. De verdade.

LÍVIA:
[*explode*] Nem me comece com essa porra toda de novo! Não é assim que a gente faz! Nunca foi assim.

ANA:
Meu bem, eu vou morrer.

LÍVIA:
Ananinaninanó. Mia cai ré auté.

ANA:
Eu.

LÍVIA:
Oi?

ANA:
Nós duas. Aqui nessa caixa, dia a dia, eu e você. E você vai ter que passar por isso comigo. Eu já estou sentindo tudo escoar dentro de mim. A minha cabeça já não é a mesma. Eu não consigo confiar em mim nem pra te dizer que a minha cabeça já não é a mesma. Precisei pedir pra outra pessoa me escrever o que eu preciso te dizer. Precisei pedir pra um outro me escrever.

LÍVIA:
[*quase num sussurro*] Falei que era isso...

ANA:
Porque isso aqui, eu sentada aqui, eu na sua frente, é a sessão mais importante da minha vida inteira. É a hora mais séria (e, Pai do Céu, como a gente é ruim nisso de olhar de frente pras coisas mais sérias, meu bem)... É a vez de te dizer que eu tenho que encarar isso tudo, que a gente tem que encarar, nós duas, juntas, mas que sou eu que tenho que te dizer como é que vai ser. Porque o processo vai ser meu, afinal. No fundo. Quem vai morrer sou eu. Desculpa se isso pode te parecer egoísta demais. Mas... sei lá, né? Talvez numa hora como essa seja até meio "desculpável" algum tipo de heroísmo.

LÍVIA:
[*tenta ao mesmo tempo assimilar e fingir que não leva a sério*] "Egoísmo", Ana. Egoísmo. Mas tá. Que seja. [*silêncio*] Como se desse pra ser assim. Só que vocês estão querendo inventar a

vida. Determinar a *minha* vida. Não dá pra ser assim. Não tem como.

ANA:
Eu podia continuar, né.

LÍVIA:
Claro que pode. Claro que vai. Isso aí não faz o menor sentido.

ANA:
Eu podia continuar a ler.

LÍVIA:
Mas e o que é você tem?

ANA:
E faz diferença, meu bem?

LÍVIA:
Como "e faz diferença, meu bem"? Claro que faz diferença, merda. Que ideia. Onde já se viu, meu Pai!? "Faz diferença?"... Cada coisa... A mulher quer me avisar que está morrendo [ou *ele* quer me avisar que a mulher está morrendo] e acha que nem vale a pena me dizer do que é que ela *pretensamente* vai morrer... parece que nos próximos cinco minutos.

ANA:
É que não faz mesmo. Não faz a menor diferença. Não vai mudar nada. Eu podia ficar aqui te soltando um monte de proparoxítonas, uns termos médicos salpicados de palavrório estrangeiro. Podia te falar desse órgão e daquele corpúsculo. Neurônios, príons, mielina, dendritos. Mas não vai mudar nada. O que interessa te dizer...

LÍVIA:
[*se sobrepõe a ela*] "O que interessa te dizer..."

ANA:
[*repete agora com os olhos no texto, enquanto Lívia, dessa vez, fica encafifada por ter sido capaz de prever o que a outra ia falar*] O que interessa te dizer é que vai acontecer, que vai ser em muito pouco tempo, e que nesse tempo do meio do caminho do tempo eu vou desaparecer aos poucos. A minha cabeça vai se apagar, a minha memória vai ficar rala, e provavelmente no fim eu nem vou ser a pessoa que você acha que é.

LÍVIA:
Eu não tenho a menor ideia do que você está dizendo. E como assim que você não vai ser a pessoa que eu acho que sou? Isso não faz nem sentido. Por acaso esse negócio já está te afetando, Ana? Esse treco aí que ele agora *inventou* que você tem?

ANA:
Você não vai ser a pessoa que eu acho que sou?

LÍVIA:
Você não vai ser a pessoa que *eu* acho que sou.

ANA:
Nossa, às vezes você me cansa...

Silêncio.

LÍVIA:
[*empurra o copo d'água para mais próximo de Ana*] Toma.

ANA:
Obrigada, meu bem. Tava correndo de sede.

LÍVIA:
É essa luz. Esquenta demais.

ANA:
[*finge que bebe*]

LÍVIA:
Então.

ANA:
Então, eu tava sendo aqui pra você. O negócio que ele escreveu.

LÍVIA:
Então...

ANA:
"... provavelmente no fim eu não vou ser nem a pessoa que você acha que é": esquisito mesmo. Pior que é esquisito. Ele nem deve ter revisado direito. É bem o tipo de consideração que a gente merece, depois de tanto tempo. [*essa falta de atenção a deixa subitamente muito triste*]

LÍVIA:
Mas deixa eu te dizer, que o engraçado é que o meu não tem esse tipo de gralha, sabe? Veio bem lindinho. Aliás, eu tinha que te falar o que ele está inventando ali, Ana. Vai ficar muito, mas muito lindo mesmo.

ANA:
Eu sei, querida. Eu não tenho a menor dúvida que vocês vão fazer uma coisa importante. Só vocês dois. Sem carregar um peso morto.

LÍVIA:
Não. É a gente.

ANA:
É a gente o quê?

LÍVIA:

A gente que vai. Ele quer você na peça também.

ANA:

Mas você não tinha dito que...

LÍVIA:

Vvvvvv! [*reproduz com a boca o som da vibração de um celular*] Não. É que... olha só! Quem diria. Ele acabou de me escrever aqui. [*é mentira*] Pra confirmar que quer você na peça também. Diz que não é pra você desistir da peça. Que você nem pense em desistir e tal. Que vai ficar... deixa ver... [*lê como uma criança em alfabetização*] "Muito, mas muito lindo mesmo".

ANA:

Sei. [*ela desconfia, mas quer se sentir lisonjeada*] Mas como é que eu ia desistir de uma coisa que eu nem... Ele que tinha desistido de mim. Você tinha feito muita questão de me dizer que era uma peça solo, pra uma atriz só. Ele que desistiu. Eu não tive escolha.

LÍVIA:

Deixa só eu te falar do seu papel, ele acabou de me mandar aqui, e tá que é uma beleza.

ANA:

[*retoma o fio do que estava dizendo e do que estava sentindo*] Não. Não. Não. Eu não quero saber dessas invenções. Eu não quero saber de ilusão. Eu quero te falar a verdade, eu só quero falar da verdade. Eu não tenho mais nem tempo. A minha cabeça já não presta, e só vai ficar pior. Eu já estou sentido dor, e só vai ficar pior. Vai ficar tudo pior. Até acabar. Daqui pra frente só piora, até o fim. E o fim já está aqui do meu lado. E por enquanto eu ainda tenho que agradecer por *saber* disso, por ter consciência, por poder sentir o cheiro de cachorro molhado dessa entidade, dessa presença, desse peso aqui do meu lado, porque daqui a pouco eu não vou nem mais saber *disso*, eu vou virar uma planta, uma pedra, uma pena, uma... uma chuva. Eu vou virar nuvem. E como se não bastasse, eu vou acabar chovendo, me estilhaçando, estraçalhando, espicaçando em milhares de gotinhas que não vão mais ser eu. E como se não bastasse... E como se não bastasse, eu vou cair na terra, vou me afundar na terra, vou me enterrar no mundo que depois de meia hora não vai nem ter marca da minha presença. No fundo. Eu vou virar lama de lodo no fundo do barro da terra, e nada mais vai fazer sentido.

Longo silêncio.

LÍVIA:
Vvvvvv! [*olhando de novo o celular, que há algum tempo não para de incomodar*] Você não tem ideia... Pai do Céu, você não tem a menor ideia.

ANA:
Como é que eu não tenho ideia? É claro que não tenho! Ninguém tem, merda!

LÍVIA:
Não: você —

ANA:
[*interrompe*] Não. Você que me escute. Essa era *bem* uma das coisas que eu tinha que te dizer. E ele pôs aqui. [*procura no texto*] Eu tenho certeza que ele pôs, porque eu mesma... eu pedi bem

especificamente. Olha. Aqui. Escuta. Presta atenção... Olha pra mim, por favor.

LÍVIA:
Mas é que...

ANA:
Escuta. Eu preciso que você acredite em mim. É o que é. E logo-
-logo não vai ser mais.

Silêncio.

LÍVIA:
É de verdade isso tudo, Ana... É de verdade essa coisa que ele te escreveu aí?

ANA:
Muito. Desculpa, meu bem. Mas no fundo é só por isso que a gente está aqui.

LÍVIA:
Porque às vezes você me vem com essas, né. No fundo é a mesma coisa daquele dia lá no lago. Às vezes você me vem com essas. E eu... sei lá... Como é que você vai morrer? Onde já se viu uma coisa dessas? Como é que você vai morrer? Por que é que um negócio desses ia acontecer com a gente?

ANA:
E por que não? Você está na chuva.

LÍVIA:
Você vai me deixar sozinha? Eu nunca fiquei sozinha, meu Pai. Eu vou morrer também? Meu Deus do Céu, será que eu vou

morrer também e nem sabia, e você me avisa assim sem mais nem menos, mulher? Eu aqui cheia de planos!

ANA:
[*folheando o caderno, mentindo*] Não. Você não morre agora. Não agora. Eu que vou morrer. A outra. O outro barulho.

LÍVIA:
Chhhhh. Por que é que você está fazendo isso comigo?

ANA:
[*fala exatamente com a mesma entonação*] Por que é que você está fazendo isso comigo, [*uma pausa*] Ana?

LÍVIA:
[*também imitando a entonação da outra*] Porque eu estou morrendo. Eu vou morrer. Eu já morri e sesqueci de medeitar-me. Eu sou a pessoa mais importante do mundo e só eu levo o mundo a sério. Eu sou a peçonha mais empolgante do mudo e só estrago o fundo à fera. Ou coisa que o valha. Eu sou a Ana, a bela e boa Donana. Só eu sei como é ser Ana. Só eu sei ser Ana e não você, sua nonana! Vilã! Ai, vilana! Você não sabe porque você não sabe é nada, meu bem. Você não entende o que é ser eu e estar morrendo. Eu. Eu me mim me ensimesmando em minha mim. Amém. Pois velha sou, e semijante. Decaída forma de quem outrora neste rútilo palco reluzira. Mera sombra, fiapos, vapor!...

ANA:
[*devolve na mesma moeda*] Sério? Sério, você lembra aquele dia lá no lago com a chuva do cachorro que a gente nem tem mais e ainda nem tinha no dia lá do lago com a porra da chuva? Do lago? E quer borrar um copinho d'água? Eu até posso te

dar um copo d'água porque eu sou jovem e jovial e juvenil. Juvenescente que é o caralho! Tudo vem sozinho pra cima de mim enquanto eu saltito pelada pelas pradarias verdejantes do universo inestelável! Eu estou bem vivinha, e tal. Eu ainda vou estrear muita coisa. Muita novidade. Muito tempo. Teatro, teatro, teatro. E mais vida. No mundo, do mundo, pro mundo. Vida. Teatro. Vida real. [*a imitação vai se dissolvendo, perdendo o ímpeto*] Vida...

Novo momento de silêncio.

LÍVIA:
[*acabou a brincadeira*] Você está tão bonita.

ANA:
Nem comece.

LÍVIA:
Mas tá. Tá sim. Eu sempre tive inveja desses seus olhinhos de água funda. Eu vou ficar com saudade.

ANA:
Não adianta, Ana. Esse caminho é pior ainda.

LÍVIA:
Qual caminho?

ANA:
Qual caminho. Taí uma pergunta.

LÍVIA:
Você duas são lindas. Ele sempre falava isso, lembra? Fala, ainda. Quer dizer... Ontem, até, ele tava me dizendo. Agora há pouco. Você continua com esse narizinho perfeito.

ANA:
Não adianta, Ana. Esse caminho ainda é pior ainda. Chhhhh.

LÍVIA:
Isso. Como é que você sabe? Vai falando comigo. Não para de me dizer. O barulho do mar na minha cabeça tá um absurdo agora.

ANA:
Vai acontecer. Não tem remédio. Vai ser lento, arrastado, e vai ter dor. E foi bem por isso que eu decidi que não quero não quero tentativa de milagre. E é isso que eu quero que você comece entendendo. Que escolher não passar por esses tratamentos e tal não é uma decisão masoquista de viver com a dor. Eu me borro de medo de dor.

LÍVIA:
Eu me borro de medo de dor.

ANA:
Eu quero sentir o processo todo. Quero estar bem desperta, acordada, lúcida e atenta. Eu quero passar os dedos pelos veios e sentir na língua a aspereza de cada segundo dos últimos segundos que eu vou sentir. Mas o que é que acontece quando você sabe que vai desaparecer do imundo, que a tua cabeça não vai mais dar conta da realidade, que você vai se apagar?

LÍVIA:
[*ainda quase num ganido*] O que que acontece, Ana?

ANA:
[*continua lendo*] Olha, eu não sei pros outros —

LÍVIA:
[*interrompe*] Caramba. Parece que ele sabia que eu ia interromper.

ANA:
[*retoma*] ... Não sei pros outros, mas pra mim a questão é que esses últimos momentos de consciência total de repente ficam intensos, poderosos mesmo. Necessários. E eu não vou querer passar chapada por nada do que vai acontecer.

LÍVIA:
Ele sabia que eu ia interromper. Dá isso aqui. [*tira o caderno das mãos de Ana*]

ANA:
Como assim!

LÍVIA:
Eu tenho que testar um negócio.

ANA:
Eu finalmente tinha achado que você estava ouvindo.

LÍVIA:
[*lendo*] Chhhhhh.

ANA:
Como *"chhhhhh"*?

LÍVIA:
Mas não é você, Ana! É ele. Ele que te escreveu de novo. E me escreveu sem eu nem abrir a boca. Ele sabia até quando eu ia te interromper.

ANA:
Você já ouviu falar em pergunta retórica?

LÍVIA:
Já.

ANA:
E você entende que não precisa responder?

LÍVIA:
Claro. Por quê? [*ela não percebe que está justamente respondendo às perguntas retóricas*]

ANA:
Devolve o caderno.

LÍVIA:
Não. Eu preciso testar um negócio.

LÍVIA *continua andando pelo palco, enquanto mexe nas folhas do caderno com uma expressão intrigada. Então começa a ler, sem tentar imitar Ana.*

LÍVIA:
Só que eu preciso que você aceite. Aceite que eu não quero nada além de uns remédios pra dormir, se for o caso. Aceite e não tente me convencer. Porque eu vou precisar de tudo que eu tiver de energia, meu bem, [*para de ler*] Alá! [*volta a ler*] eu vou precisar de tudo que eu tiver de energia pra poder lidar com isso. Lembra quando a gente era pequena (Ah, mas aqui eu já estou virando eu de novo!!). Lembra quando a gente era pequena e ficava, sei lá, com uma dor de garganta? Você precisava de atenção, de colo. Eu virava bicho e me recolhia, eu quase rosnava pros outros. [*joga o caderno no chão*] Merda, como que ele faz isso??? Será que a gente é tão igual assim que ele pode escrever qualquer coisa e, quando a gente lê, o texto fica com a nossa cara? Ou será que eu sou tão boa assim de ler texto e dar

a minha cara?? Mulher é desdobrável mesmo. Eu sou. Você está aí toda convencida de que vai mandar na morte! Que vai dizer como é que as coisas vão ser.

ANA:
Eu estou tentando controlar da maneira mais obsessiva os últimos momentos que eu sinto que ainda tenho chance de controlar, meu bem.

LÍVIA:
[*olhando para o celular*] É bem isso.

ANA:
Eu sei. Eu demorei pra entender. Mas eu sei.

LÍVIA:
Não. É bem isso que ele está escrevendo. Nessas cenas que ele está me mandando. Do rio.

ANA:
[*suspira*] Não vai mais ter rio. Não tem mais eu. Não tem mais fundo. Ele já escreveu tudo que eu tinha pra escrever. No findo.

LÍVIA:
No findo sou eu que falo. No fundo!

ANA:
No fundo.

LÍVIA:
[*escreve furiosamente no caderno*] Tó. Lê de uma vez.

ANA:
[*lê, obediente*] É algo se desfalha. Eu antes sinto, pois desmonto. Ora que chova, ela se queira. Doce ou forte como queira. Enfim

que chova, pois meu fim se põe. Fiz o que deu quando deu de fazer...

LÍVIA:
Lê de novo. Lê.

ANA:
Enfim que chova, pois meu fim se põe. Fiz o que deu quando deu de fazer...

LÍVIA:
Agora como uma princesa de conto de fadas.

ANA:
Enfim que chova, pois meu fim se põe.

LÍVIA:
Agora como uma tempestade.

ANA:
Enfim que chova, pois meu fim se põe.

LÍVIA:
Agora como um rinoceronte.

ANA:
Enfim que chova, pois meu fim se põe.

LÍVIA:
Agora como o mar.

ANA:
Enfim que chova, pois meu fim se põe.

LÍVIA:
Agora uma garoa levinha num gramado recém-cortado.

ANA:
Enfim que chova, pois meu fim se põe.

LÍVIA:
Agora como o fim sem findo enfim enfim enfim.

ANA:
[*sorri; desiste*] Enfim que chova...

LÍVIA:
Viu? Você é *qualquer* coisa. Você só precisa de uns fiapos pra ter de onde partir. Vapor. Palavras, palavras, palavras. Você é o mundo inteiro enquanto existir mundo. Não tire isso da gente. A gente morre domingo e nasce de volta toda sexta, mesmo horário, desde sempre. Nenhuma novidade. Não deixe esse papel te matar. Não tire isso da gente. No fundo é só por isso que a gente está aqui. A gente é desdobrável. Você lembra aquele dia lá na beira do lago?

ANA:
Não. Eu não lembro do lago, não lembro o que você me disse do lago, não lembro o que o cachorro que a gente nem tem um dia fez na beira do lago que eu não lembro mais que existe. Não lembro nem que um dia existiu água no mundo. Eu mal lembro do mundo. *Você* que lembra. Me fala da chuva? Fala da chuva! Deixa eu ver isso aí. Se é pra duas atrizes mesmo. Deixa eu ver se isso aí é alguma coisa. [*pega o celular que está em cima da mesa*]

LÍVIA:
Não! Não! Não!

ANA:
Não tem nada aqui.

LÍVIA:
A gente não vê mais ele faz muito, muito tempo, Ana. Ele foi embora antes do cachorro, ainda.

ANA:
Nunca foi ele, meu bem.

LÍVIA:
Mas... então...

ANA:
Então, Ana, Ana, Ana.

LÍVIA:
Será que pelo menos dá pra você parar de me chamar de Ana?

ANA:
Eu nunca te chamei de Ana, Lívia. [*mal tira os olhos do caderno*] Eu não sei mais. De quem que é essa letra?

LÍVIA:
...

ANA:
Nuvoletta em chamisola, bem sixtinta em céu voal, olhava alambos lá-ré-si, mas desclinada, posta sobre a balastralda ouvindo tudo o que a crianças seleixava. Ela era só. Todas núbeas companhantes dormentavam serelépias. E Nuvoletta refletiu por derradeira em sua longa vita breve e recompôs suas miríades derivas depensares nu munica. Desengazou-se de seus compromistos. Escaliu a balastralda; soltou seu núveo uivo de neném: Nuée! Nuée! A chamisola triscou. Não era mais. E no rio que for um fio (pois milágrimas de anos sescolaram sobre ela e sespassaram soberella que roliça já se enriça que se lança e que se endança e tem por nome o enlameado de Amazamas)

caiu uma lágrima, síngula lágrima, líndala lágrima acima de lôdas, pois era humana bissexta. Mas o rio sobrelassaltava num jajá, jalapando, rianchado o coração: Ai, ai, ai! Oh uê oh uê! Sô bobiça que me escorro mas num tem como restei!

Sem palmas, pais savor!

LÍVIA:
Abast! Abast! Abast! Chega dessa merda, você me devolve já aqui o meu caderno, entrega logo isso aqui, anda, passa, chega, entrega essa merda, vagabunda! Defunta! Afundada!

ANA:
O caderno é meu! O caderno sou eu! O caderno é a única coisa, sua vaca, morrida, afogada!!

LÍVIA:
Nem existe esse caderno!

ANA:
[*batendo nela com o caderno*] Então não vai doer!

LÍVIA:
Doeu.

ANA:
Desculpa.

Silêncio.

ANA:
Mas e essa cara?

LÍVIA:
Nada... Ah... Aquele barulho.

ANA:
O mar...

LÍVIA:
Pois é... "o mar".

ANA:
E tá mais forte, de novo?

LÍVIA:
Eu nem sei. Pra te ser bem sincera *eu não sei*. Não sei se fica mais forte de vez em quando mesmo, que nem eu te falei, ou se é só uma questão de eu prestar atenção. Ou *não* prestar atenção, né... Você lembra aquela vez lá no lago?

ANA:
Ana, eu lembro aquele dia lá no lago. Não teve acidente. Não teve mistério. Não teve tragédia e não teve mais nada. Foi só você, Ana. Foi você que afogou o nosso cachorro. E eu vi que foi você. Você que segurou a cabeça dele embaixo d'água um tempão. Meu Pai do Céu... Que parecia que aquilo não ia acabar nunca. Velhinho daquele jeito, e ele não queria morrer. E você desviando o rosto. E chorando sem parar. Eu lembro. Eu vi. Ele se debatendo ali embaixo, a água espirrando na tua cara. Até parar. Até parar tudo. Eu vi. Só você. Sozinha.

LÍVIA:
Você nunca fui eu sozinha.

ANA:
Você não me segura viva e você não me mata mais. Ananinanó cató. É o rio mesmo. Eu afundo e você nada.

LÍVIA:
Se eu te for embora você jura que me fica?

ANA:
Você sabe que eu vou te afogar até o fim. No fundo é só isso.

LÍVIA:
No fundo é só isso. Me afagar até o fim... "Me fala de Ana Lívia, eu quero saber tudo de Ana Lívia."

ANA:
[*lendo*] "Ela olha para a plateia..."

LÍVIA:
Ela olha para a plateia...

ANA:
Ela olha para a plateia. [*joga fora o caderno e o lápis*] Tudo aqui. [*aponta a cabeça*]

ANA/LÍVIA:
Jamais verão. Nem saberão. Nem ter lamentos. Lívia é. E velha e velha é dorida e revelha é dorida e cansada que a ti remetorno, oh gelho pai, meu gelho e doidorido pai, meu gelho doidorido e medrontado pai, até que o mero aporte do seu belo porte, demilhas e milhas de nele, gemenente, me faça concha consalgada e que me elance, ó todo meu, nos braços teus. Vejo que sobem! Salva-me de horrendas lanças! Ana, a nós. Fff! Tão doce a manhã, essa nossa. Sim. Me enleva-me, pais, como um dia sem par nulo parque! Ouvisse agora cadente por mim sobasasas excãcãcãcaradas como quem vinha de Angeleno, subpeito que morrera por encima dem seus pés, humildomeldumilde, empura douração. Sim, pur. Ana Lívia será. Queis onde! Primeiro. Cai-la! Evola. Gaivola. Longes vozes. Vou mindo, meu paz! Fim

cá. Nós lá. Finn, alguém! Toma. Masquedoquejá, memimais-mim! Pss. As chaves de. Tidas! A via a sola a fim a flora a vinda ao sim a via a sola a fim a flora a vinda ao sim a via a sola a fim a flora a vinda ao sim a via a sola a fim a flora a vinda ao sim a via a sola a fim a flora a vinda ao sim a via a sola a fim a flora a vinda ao

Bruscamente cai uma torrente de água sobre as duas, o áudio se interrompe, blecaute.

FIM

Notas sobre o texto
(que constavam do programa da peça)

O poema que começa por "Saí bem cedo com meu cão" é uma tradução de "I started early — took my dog", de Emily Dickinson (1830-1886). Não é uma tradução poética padrão que eu escolhesse normalmente publicar em livro. Certas liberdades métricas acabaram se justificando pelo uso em cena.

O segundo poema, "Não entres mansa nessa doce escuridão", é outra tradução um tanto livre em termos de forma, agora para a vilanela "Do not go gentle into that good night", de Dylan Thomas (1914-1953).

O terceiro, "O seu corpo está aqui", é uma versão recortada de um poema de Rumi (1207-1273), também em tradução minha, mas a partir da versão para o inglês de Kabir Helminski, porque eu sei tipo duas palavras de persa.

(Deixo aqui essa referência ao poema de Rumi, como foi de fato publicada no programa impresso para a estreia da peça, apenas para registrar o dinamismo do processo todo. Afinal, quem foi ao teatro ver *Ana Lívia* nunca viu o trecho que continha a tal citação, que acabou cortada às vésperas da estreia, já depois de termos entregado o material de divulgação para o SESC.

Ele aparece aqui, recuperado no final deste livro, no Dossiê.) O verso "Mulher é desdobrável. Eu sou" que acabou virando meio que o nosso mantra, vem do belíssimo poema "Com licença poética", de Adélia Prado.

"Rodôs anó, cató, mia cai ré auté" é uma transliteração meio ajambrada de um dos mais famosos fragmentos de Heráclito (c.540 AEC - c.470 AEC): "O caminho que sobe e o que desce são um e o mesmo". Ele já teve presença maior na peça. Mas restou como cicatriz.

Os dois trechos que viriam do famoso novo projeto que a Lívia apresenta, e que concluem a peça, são traduções, minhas também, de momentos diferentes do *Finnegans Wake*, de James Joyce (1882-1939): um parágrafo da história de Nuvoletta (p. 159) e a página final do monólogo que encerra o livro todo, na voz de... sim, ela: Anna Livia Plurabelle.

LEONORA

(poema cênico)

Ainda se chamando *Lá embaixo*, a pequena peça *Leonora* estreou em 16 de novembro de 2024, na Praça das Artes, Sala do Conservatório, São Paulo, como parte da programação do IV Festival Mário de Andrade.

Foi uma encomenda da Companhia, que me pediu uma ideia curta e poética, construída a partir da leitura da obra *Down Below*, de Leonora Carrington (1917-2011). Na montagem original, o texto foi construído em torno de um fragmento de *Ping*, de Samuel Beckett (1906-1989), traduzido por mim, editado e adaptado por nós.

CWG

FICHA TÉCNICA

Direção e concepção
Bete Coelho

Codireção
Gabriel Fernandes

Texto
Caetano W. Galindo

Elenco
Bete Coelho, Luiza Curvo, Renata Melo e Lindsay Castro Lima

Artista plástica e pintora
Niura Bellavinha

Músicos
Felipe Antunes, Fábio Sá e Rovilson Pascoal

Vozes
Estela Paixão e Eloisa Paixão

Iluminação
Patrícia Savoy

Direção de palco e cenotecnia
Domingos Varela

Assistente
João Carvalho

Técnico de som
Rodrigo Gava

Mídia social
Letícia Genesini

Assessoria de imprensa
Fernando Sant'ana

Produtora executiva
Mariana Mantovani

Diretora de produção
Lindsay Castro Lima

Produção
Cia.BR116 – Teatrofilme

Take these sunken eyes and learn to see

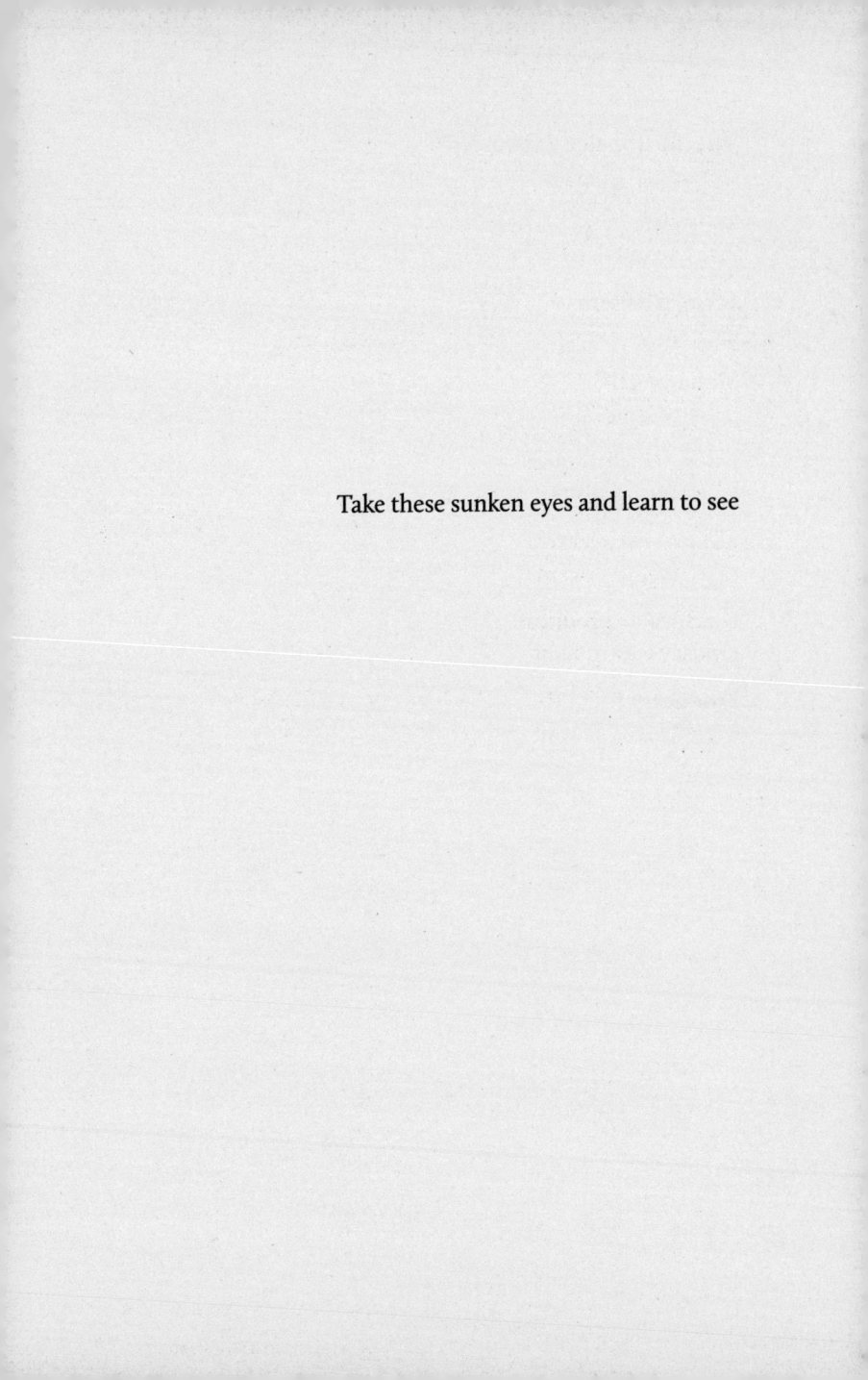

Ela chama.
Convoca.
Ela chama.
Incendeia.
Ela chama.
Ela foi.
Leonora.
Ela é.
Leonora. Eu escuto, ela foi, ela fala. Eu me falo, ela é, ela ouve.
Ela foi. Ela houve. Ela foi, tinha sido: ela fôra. Se foi. Ela existe.
Ela há. Ela cá. Ela dentro. Ela em mim. Ela sim.
E lá fora, ela aflora, ela sabe ser flora, ela chama ela chora, e lá
fora ela é flor. Ela fura, ela flui, ela é bicho que chama, sendo
flor, ela é flora, ela é chama, ela fôra, ela é bicho, ela foi.

Eu me sou.
Leonora.
E como ela, e nela, eu escalo uma montanha. A encosta, a estrada, a trilha, uma montanha. E como ela, e com ela eu subo
eternamente uma montanha que não se permite, que não me

tolera, que acima de tudo resta, e acima de tudo não espera, não me espera, desespera-se de mim.
Porque somos elas. Por somos ela. Porque a montanha não se presta a ser mulher. Quer ser barreira. Levanta-se à frente dos pés. Mais íngreme, eu súplice, eu forte, ela torta. Montanha.
Mão na minha mão. Pé ante pé. Eu subo esse monte com ela.
Ela é.

Leonora. Eu escuto, ela foi, ela fala. Eu me falo, ela é, ela ouve. Ela foi. Ela houve. Ela foi, tinha sido: ela fôra. Se foi. Ela existe. Ela há. Ela cá. Ela dentro. Ela em mim. Ela sim.
E lá fora, ela aflora, ela sabe ser flora, ela chama ela chora, e lá fora ela é flor. Ela fura, ela flui, ela é bicho que chama, sendo flor, ela é flora, ela é chama, ela fora, ela é bicho, ela foi.

Eu me sou.
Leonora.
E me travo. Não posso subir e recalco. Ressaibo. Eu estaco.
Eu estaco.
Eu estaco.
Eu estaco.
Eu estaco.
Ela fura, ela flui, ela é bicho que chama, ela flor, ela é flora, ela é chama, ela foi.
Leonora!
Eu me travo.
Morro acima.
Morro ao cimo.
Eu me entravo, Leonora. Eu me entravo.
Não subo.
Não sobe.

Paramos.
No morro.
É quando num mundo de flores, de formas, sabores, de vida devida e obtida, incontida, aparece o perverso. O reverso do morro, essa morte, perdida, consumida, pervertida. Essa morte. Esse morto. Vestido de branco ele vem e me oferta outro sol que redime da dor, o remédio, essa droga que salva e converte em subida o que agora era estase.

Leonora.
Leonora...
Ela toma. Ela ingere o remédio forçado, ela bebe. E convulsiona. Tem seu corpo tomado de luzes, de choques, de baques e trancos, pancadas, e treme, ela freme e sacode-se em transe, entre auras e dores, halos claros estertores, ela treme, ela freme e sacode-se entrando no inferno da morte forçada, enfiada entre dentes, rangidos e choros, e gritos.
Ela grita.
Ela grita.
Ela grita.
Ela grita.
Ela grita.
Ela grita.

Ela chama.
Me chama.
Ela chama.
Incendeia.
Ela chama.
Ela foi.

Leonora.
Ela é.

E a montanha se inverte se vira do avesso e promete o mais fundo do solo o mais só desse mundo, o mais ínfero, inferno, o mais ínfimo, o não.
A montanha cravada na alma, retina, retine em buraco e se torna o porão.
Leonora, do mundo o seu fundo, buraco, olho em vão.
Embaixo.
Lá embaixo.

Ela toma. Ela ingere o remédio forçado, ela bebe. E convulsiona. Tem seu corpo tomado de luzes, de choques, de baques e trancos, pancadas, e treme, ela freme e sacode-se em transe, entre auras e dores, halos claros estertores, ela treme, ela freme e sacode-se entrando no inferno da morte forçada, enfiada entre dentes, rangidos e choros, e gritos.
Ela grita.
Ela grita.
Ela grita.
Ela grita.
Ela grita.
Ela grita.

Ela foi. Ela houve. Ela foi, tinha sido: ela fôra. Se foi. Ela existe.

Ela é.
Leonora comigo, me abraça, me toca. Leonora eu acalanto eu acalento eu nano e nino, Leonora eu te sustento.
Eu sou a voz que te criou, eu sou a mãe que te foi mãe quando

faltaram outras mães. Eu sou o pai que sei ser pai e te toldar de todo o mal. Eu sou a mão que te conforta e te comporta toda inteira e faz dormir.
Eu sou você, Leonora.
Eu fui.
E vim do outro lado do oceano.
Eu venho do outro lado do oceano.
Eu sempre venho.
Porque nós nunca fomos duas, Leonora.
Me dá a mão e vem comigo, eu te retiro.
Ela existe. Ela há. Ela cá. Ela dentro. Ela em mim. Ela sim.
E lá fora, ela aflora, ela sabe ser flora, ela chama ela chora, e lá fora ela é flor. Ela fura, ela flui, ela é bicho que chama, sendo flor, ela é flora, ela é chama, ela fôra, ela é bicho, ela foi.

Eu me sou.
Leonora, sossega.

Acabou o clamor, o tremor, o torpor. O sol do comprimido não existe, morreu há séculos, não brilha. O sol sou eu, eu insisto, e sou centelha, sou filha da luz, tua luz.
Eu só sou porque você.
Eu te dou ser só você.
Deita a cabeça no meu colo. Recebe o afago que eu mesma recebi da tua mão, da tua pena, teu penar.
Vem comigo.
Essa encosta, essa colina, essa parede aqui do fundo é pouca coisa, pouca monta, e se desmonta aos nossos pés.
Vem comigo.
Como eu voei com tuas asas.
Como eu te li.

Me leia agora, Leonora.
Me enleia agora, Leonora.

Nós somos duas numa voz, e somos uma em tua foz. Nós desaguamos. Nós nos damos e sabemos receber. E caudalosas, descabidas, desabridas, convertemos numa só nossa subida. Somos tuas, somos nós.
Subir ao cimo é coisa dada, é quase nada, e logo vem. O caminho que desce e o que sobe são sempre um caminho que é o mesmo. O caminho que desce e o que sobe são sempre um caminho que é o mesmo. Esse mesmo caminho, essa via, essa estrada, essa trilha que nos trouxe até nós. Subimos ao cimo e então vimos do alto esse vale em que estamos, em que sempre fomos, montanha do avesso, essa escarpa virada, esse fundo de céu.
O auge.
O topo.
O cimo.
Estrada, trilha, via, rio.
Eu já vi. E te levo, como um dia você me levou, Leonora. Morro acima, morte abaixo, viva. Viva, em vida, me leva morte acima, morro abaixo, para a vida, Leonora.
Lá embaixo eu subi.
Cá no alto, me deu.

Leonora... e eu.
Leonora. E você.
Você.
Você aí fora,
me chama.
Ela chama.

Me chama.
Ela chama.
Incendeia.
Ela chama.
Ela foi.
Leonora.
Ela é. *Somos nós.*

Leonora. Eu escuto, ela foi, ela fala. Eu me falo, ela é, ela ouve. Ela foi. Ela houve. Ela foi, tinha sido: ela fôra. Se foi. Ela existe. Ela há. Ela cá. Ela dentro. Ela em mim. Ela sim.
E lá fora, ela aflora, ela sabe ser flora, ela chama ela chora, e lá fora ela é flor. Ela fura, ela flui, ela é bicho que chama, ela flor, ela é flora, ela é chama, ela fôra, ela é bicho, ela foi.
Eu me sou.
Leonora.
Uma voz.

Dossiê *Ana Lívia*: guardados, perdidos e achados
(organizado com Lindsay Castro Lima)

> *I hear in my mind*
> *All of these voices*
> *I hear in my mind*
> *All of these words*
> *I hear in my mind*
> *All of this music*
> *And it breaks my heart*
> *And it breaks my heart*

Em setembro de 2022 eu recebi uma proposta. Foi um desses momentos que vincam a vida e mudam tudo dali para a frente.

Àquela altura já estava encerrada a primeira temporada de *Molly-Bloom*, adaptação dos trechos finais do *Ulysses*, de James Joyce, que a Cia.BR116 – Teatrofilme tinha feito a partir da minha tradução do romance. Para minha imensa felicidade, eles decidiram me incluir no processo de criação da peça, e a gente se manteve em contato mesmo depois.

Hoje eles são meus amigos queridos: meus irmãos.

O que acaba gerando a possibilidade do improvável: de que naquele 22 de setembro, à noite, ninguém menos que Bete Coelho me venha com a proposta de escrever uma peça para a Companhia.

Eu, irresponsável, disse sim.

No dia 27 eu criei um grupo de WhatsApp com eles (Bete, Gabriel Fernandes e Lindsay Castro Lima) e enviei três ideias possíveis para a peça. A resposta eu nunca vou esquecer.
— Está ótimo, Caetano.
— Ah, maravilha.
— ...
— Mas... qual das três?
— Todas.
— Mas qual que a gente desenvolve agora?
— As três.

E foi a partir daí que eu fui entendendo o que seria esse trajeto. Que eu percebi o quanto estava longe do meu mundinho de livros e citações (*we're not in Kansas anymore*), aquele mundo onde você concebe um projeto, desenvolve, executa, conclui. Sozinho, mesmo que com auxílio, colaboração, consultoria, pitacos.

Teatro não é assim. Teatro é grupo. É coletivo. É bando e é família. As ideias nunca chegam onde pretendiam, e sempre têm que se reinventar no caminho.

Em março de 24, quando a segunda temporada de *Molly-Bloom* já estava chegando ao fim, eu me dei conta de que o pessoal ia começar a sair à cata de um novo texto, e que se era pra nossa criança nascer de uma vez, eu tinha era que me aviar e dar forma ao que vinha tentando conceber desde aquele setembro. Por isso, na pressa, a coisa que na minha ingenuidade eu ousei pensar que era a peça finalizada chegou à mão deles dois dias depois do último espetáculo.

De lá pra cá, aquela proposta foi reescrita uma bela dezena de vezes. Papéis foram trocados, atrizes entraram e saíram dos planos, concepções inteiras foram revistas (certas coisas que estão até agora no texto só foram pensadas originalmente como respostas a problemas que depois deixaram de existir: o texto dramatúrgico é todo tatuado em cicatrizes). Acima de tudo, aconteceu um pingue-pongue alucinadamente produtivo com os três membros da Companhia, com a presença generosíssima da Giulia Gam no projeto e nos primeiros ensaios e, também, com a entrada da Iara Jamra, esse jorro maluco de talentos e de tanta delicadeza, além da chegada da nossa diretora, a incrível Daniela Thomas.

(Aliás, a entrada dessa figura mudou tudo: o texto, a minha relação com a peça, os rumos de todas as ideias. A Daniela mergulhou de cabeça e de coração nesse projeto, que ela entendeu imediatamente de uma maneira nova e muito aprofundada. A convicção que ela trouxe — a paixão mesmo — foram no mínimo tão importantes quanto o talento absurdo que todo mundo sabe que ela tem. A noite em que a Daniela leu o papel de Lívia mudou tudo que eu pensava da peça: ela é uma bela de uma atriz.)

Eu assistia ensaios online, ia a São Paulo ver em carne e osso, a gente conversava sem parar no WhatsApp, e a peça ia tomando forma. Ia caminhando em direções diferentes, mudando de rumo. A Daniela enxergava coisas que eu nem sonhava, a Bete ouvia intenções que eu mal intuía, o Gabriel via tudo num plano mais aberto e ao mesmo tempo com uma atenção preciosa ao detalhe e a Georgette Fadel (ah, a Georgette, o calor, o pique, a inteligência!), quando chegou, virou do avesso o tom e o matiz de metade da peça.

Então, seria bastante tentador (além de honesto) eu dizer que o resultado "final" tem muito menos de "mim" do que seria de se supor.

E que bom.

Seria bastante tentador, então, eu afirmar que depois que aquela primeira versão saiu da minha mão eu perdi o controle central, total; e que adorei perder. Amei cada nova reviravolta e cada estranha reconcepção. E agradeço a todos os envolvidos na produção da peça pela dádiva do acolhimento, da integração e desse apagamento. É muito lindo ser fagocitado por um grupo de teatro com esse grau de inteligência. Ser englobado por tudo que aconteceu com o texto depois que ele "saiu da minha mão".

Porém...

A bem da boa verdade eu nem sei se algum dia eu tive mesmo esse controle todo sobre a peça. Nem quando ela estava "na minha mão".

E como perder o que nunca existiu?

Porque assim que eu sentei pra escrever aconteceu de um jeito quase assustador aquilo que às vezes a gente ouve os escritores descreverem, e sempre pensa que é lorota: essas duas vozes, a Ana e a Lívia, começaram a dizer o que queriam, não o que eu pretendia. Eu sentava na frente do computador pensando "Hoje vou levar a peça deste ponto até aquele", mas elas não estavam a fim, preferiam se cutucar, se provocar, mudar de assunto, citar poesia...

Eu juro. Nada disso estava "planejado". Foram elas que me levaram pra esses lados.

Exatamente como a relação que na peça elas têm com "ele", "o dramaturgo", no fim eu nem sabia mais quem era invenção de quem no nosso texto. Portanto, se a peça acabou sendo exatamente isso, a interação de duas vozes que precisam se dizer certas coisas, mas resistem, se impedem, se torturam e se contornam pra não encarar de frente o mais pesado, eu nem posso dizer que o mérito da ideia foi meu.

Eu fui meio passageiro.

Se você pode agora ouvir a conversa incessante de Ana Lívia, ou de Ana & Lívia (eu não sei a resposta), agradeça a elas, como eu agradeço agora a todas as outras vozes que eu ouço na minha cabeça, todos e todos e todos os livros, e peças, poemas, canções, e barulhos, marulhos, cadências, toadas e vagas que foram me levando e virando vozes de palco: tornando-se *Ana Lívia*. Um mundo (livresco?) que ganha carne, ganha a alma dessas atrizes incríveis. Um confronto (eterno?) que a gente tenta evitar, antever, e por vezes aceita viver.

Eu aceitei. Aceitei o privilégio.

Ser encenado por essas pessoas. Trocar ideias com artistas desse porte. Receber um convite de uma atriz do calibre, da inteligência e do talento de Bete Coelho e pouco mais de um ano depois viver a insanidade que foi ver as duas noites perfeitas da peça no Festival de Curitiba, onde eu tinha trabalhado vendendo camisetas trinta anos antes. No teatro da minha universidade. E sentir que a companhia toda estava especialmente empenhada em fazer aquelas duas noites serem marcantes para todo mundo, na minha casa.

Ana Lívia, para mim, é essa história de bênçãos e presentes. De saber que eu não estou à altura do que está acontecendo, mas gostar demais do passeio. É acima de tudo a história de amor entre um mané quarqué e essas alminhas benfazejas que são a Bete, o grande Gabriel, a Lindsay e o Marcola, Marcos Renaux, dramaturgo real da Companhia, que me acolheu com uma generosidade linda. E do tantão de afeto que me veio de todo mundo que entrou no projeto: as atrizes, a Daniela, o Beto, os técnicos todos, Mariana Mantovani, a comparsa da Lindsay. Não é fácil ver um curitibano falar com essa facilidade de amor, de afeto, e eu deixo isso como medida do quanto essa aproximação com o mundo do palco tem sido capaz de me alterar.

E foi também por isso que na hora de pôr a peça entre capas, eu não tive um segundo de dúvida: queria deixar documentado também um pouco do processo que levou da minha primeira versão ao texto que agora você pôde ler. E foi aí que entrou mais uma vez em cena (sem trocadilho) a preciosa colaboração da Lindsay (*femme du plateau*), que revirou nossos arquivos de uma dúzia de versões da peça, entre alterações pontuais, mudanças formais e reestruturações mais profundas, e selecionou comigo os trechos que a gente queria resgatar. E mostrar aqui.

Além de tudo, ela, mais uma vez, complementou a minha visão de criatura de letras.

Porque eu achava interessante documentar o que ficou para trás no sentido de deixar claras as contribuições que vieram de outras mãos, outras vozes, de registrar o quanto a peça finalizada é um trabalho coletivo. A Lindsay, cria do teatro até o osso, foi quem me fez ver que poderia haver um interesse futuro aqui. Que se alguém um dia quiser montar de novo a nossa peça, pode tomar decisões diferentes, e pode até se servir de alguns desses trechos.

Tudo bem que muita coisa pequena não fica e nem teria como ficar registrada. A segunda ocorrência da distorção de "fala" em "falha!" ter sido ideia da Bete. O momento em que um "não" do texto acabou virando um crescendo de três exclamações para que ela tivesse tempo de se deslocar até o fundo do palco. A Georgette imitando o sotaque da Bete só pra repetir a palavra "organizadinho", que acabou entrando de vez na peça. Essa infinidade de situações em que o texto deixa de ser palavra e vira fala, que acaba no entanto registrada aqui no papel, de novo como texto.

Como se fosse coisa minha, que nem tenho esse tamanho todo, não.

Mas este dossiê pelo menos tenta registrar alterações maiores, todas elas (todas) decorrentes do trabalho conjunto com a Companhia. Todas elas responsáveis pela versão pública e publicada da peça, esse mosaico de tanta gente.

Ana Lívia, assim, te mostra outro rosto.

Tomara que você ache bonito.

1. O cachorro

Na primeira versão da peça, elas estavam num apartamento. Nela, a cena climática referente à morte do cão acontecia numa sacada. (Aliás, cabe deixar registrado que essa cena, como aquela em que uma pessoa conta à outra que pretende morrer em seus próprios termos, eu roubei de um projeto de romance chamado *Dona Helena*, que estava pela metade e agora provavelmente vai continuar assim mesmo, incompleto.)

Deixamos aqui os nomes que originalmente estavam no documento, quando as personagens ainda não tinham identidade e eu estava usando os nomes das atrizes para quem elas foram escritas (Bete Coelho e Giulia Gam). E logo de cara fica óbvia uma das maiores alterações entre esta versão e a que estreou: o papel da Lívia, na minha cabeça, seria da Bete.

Outro detalhe: Carlo (1849-1866) era o nome do cachorro de Emily Dickinson, morto poucos meses antes dela.

GIULIA:
Não era quando ninguém estava olhando. Era você que devia estar cuidando dele. Foi você que deixou ele —

BETE:
[*se sobrepõe à fala dela*] Foi você que deixou ele cair... Nossa. Quanto tempo faz que você está querendo dizer isso, hein?

GIULIA:
Às vezes você é mais distraída.

BETE:
Às vezes eu sou mais distraída.... Deixa eu te contar. Eu estava sozinha em casa aquele dia. Com ele. Eu já tinha limpado vô-

mito umas três vezes. Da caminha dele. Do tapete. Das patas e dos pelos do peito. Uma coisa amarela, visguenta e rala. Umas secreções que vinham lá do fundo da alma podre de um bicho que já estava morto mas a gente não tinha coragem de reconhecer. Um bicho que a gente amava. Que foi a nossa companhia, que foi a nossa vida. Que não descolou do nosso lado nem um dia. Que esperava na porta quando a gente estava no teatro. Que dormia com a gente. Que fazia a gente se forçar a sair de casa pra andar e ver o mundo, as pessoas. O Carlo era muito mais conhecido que a gente aqui na vizinhança, você sabe bem. E esse bichinho, lindo, tava morrendo. Tava morto já. E quase literalmente se desfazendo e virando uma papa que ia escorrendo pelo focinho sem ele nem ter força pra levantar a cara do chão e da pocinha de gosma amarela. Eu tava deitada no tapete, do lado dele. Sentindo aquele cheiro rançoso misturado com a respiração dele, com o meu focinho colado no dele, aquela respiração que ainda tinha o mesmo cheiro de sempre. De bicho vivo. Cheiro de Carlo. E ele vomitou de novo. Um quase nada. Mas se sujou. Eu dessa vez não limpei ali mesmo. Peguei ele no colo e fui pro banheiro. Entrei com ele no box, tirei a roupa e liguei a água quente. Eu não pus ele embaixo do chuveiro. Do jeito que ele estava (fraco, largado...) parecia maldade. Eu fiquei com ele no colo e fui usando uma mão pra jogar água de conchinha nele. Lavei ele todinho na água morna. Usei o meu melhor xampu. Usei a minha toalha de banho nele e depois em mim. Pus o secador no morno, na velocidade mais baixa, e fiquei sentada no chão do banheiro, secando aqueles pelos fininhos dele até ele ficar todo felpudo, cheiroso, de novo. Engraçado que isso ninguém reparou. Mas ele, eu acho que notou. Acho que ele ficou melhor um pouco. Se sentindo menos lixo. Parecia que ele estava com uma cara melhor ali no meu colo. Aí eu levantei e fui voltando pra sala, mas foi só ver aquela caminha dele e o canto do tapete, tudo sujo, vomitado, gosmento, que eu não tive coragem de largar ele ali. E foi bem aí que eu comecei a chorar, de pensar que ele logo ia estar de novo ali, ou em qualquer outro lugar que ele ia transformar de novo naquilo, uma poça de vômito e de morte fedorenta. E agora ele estava que parecia uma almofada de pó-de-arroz no meu colo. Respirando raso, mas tranquilo. Com cheiro de xampu e de bafinho de cachorro. Tava uma noite bonita, e eu saí com ele pra sacada. Um montão de estrela. E eu na sacada com o Carlo no colo, cheiroso e tranquilo. Morrendo. Um ventinho quente. Gostoso. E eu lembrei que eu ainda estava pelada. Branca, exposta, na sacada. Eu tinha que voltar pra dentro, mas não podia fazer ele voltar pra aquilo. Pra o que estava esperando por ele ali dentro de novo. Fora da bolha de cheiro de shampoo e do carinho do meu colo. Você sabe que ele preferia o meu colo. E foi aí que eu entendi direitinho a coisa certa. Assim, num zás, sem nem precisar pensar duas vezes. Foi aí que fez sentido e me deu já de cara uma paz enorme. E foi aí que eu dei um beijo nele, estendi os braços, segurando o corpo do Carlo bem longe do meu, nas duas mãos, olhando praquele cachorrinho magro, frágil, acabado, de olhinhos fechados e respirando raso... e soltei. Abri as mãos e deixei ele cair lá de cima... A noite estava quieta. Não tinha nem carro passando. Ele não ganiu. Nada. Um. Dois. Acho que não deu três segundos e eu ouvi a pancada seca na calçada. Tuff. Acho que ele nem acordou durante a queda. Mas não posso garantir. Às vezes eu sou mais distraída.

2. A água

Num outro momento eu tinha pensado que elas estariam numa casa decrépita, cheia de goteiras.

Essa imagem da casa, registre-se, vinha do documentário *Grey Gardens* (1975), que esteve desde o começo na nossa cabeça. Junto com *Whatever Happened to Baby Jane?* (1962), *Persona* (1966) e, sempre, *Mulholland Drive* (2001), ele formava o nosso panteãozinho cinematográfico.

Eu cheguei a imaginar um cenário lotado de baldes, vasilhas e copos para a conversa das duas. O tema da água, assim, ia se infiltrando devagar na peça até culminar na fusão final das duas como "rio".

A cena que, na peça final, se resumiu ao momento em que Lívia traz um copo d'água para a Ana e declara "Toma", em algum momento foi pensada como pequena dança muda.

... ela ainda revira o caderno, usando agora uma caneta para riscar o que parecem ser mais e mais rubricas. Isso pode durar um bom tempo. Enquanto isso, Bete anda de um lado pro outro, mãos nas costas. Vai até uma grande jarra d'água e serve um copo alto, bem cheio. Leva o copo até onde Giulia está sentada. Volta até a jarra, serve mais um copo alto, muito cheio. Na hora de tirar o copo da mesa ela percebe que vai derramar, entorta o corpo e a cabeça, tenta dar goles da superfície do copo sem usar as mãos (a mesa é muito baixa para isso, e essa operação começa a se estender; Giulia a essa altura levantou os olhos do caderno e está conferindo o que Bete tenta fazer). Depois de diminuir um pouco o conteúdo do copo ela volta, lenta e insegura, até onde Giulia está, e se senta ao lado dela.

GIULIA:
Não tem "mas é que", nem meio "mas é que". Escuta. [*ela lê*] Eu não posso dar conta de você porventura querendo que eu passe a ter falsas esperanças. [*para de ler para explicar*] — Por causa disso de você vir dizer que eu não tenho ideia do que eu estou te dizendo. — [*e volta*] O que eu tive que resolver aqui dentro da minha cabeça quanto a tudo isso não foi pouca coisa, nesses dias que já passaram depois de eu ficar sabendo. Eu não arco com o processo de passar por tudo de novo. Porque ia ser bem isso, eu te convencer da verdade de tudo, e do quanto a coisa é o que é, e é incontornável e pronto, ia ter que passar de novo eu mesma por essas coisas. Eu não quero ter que te convencer. Eu preciso que você acredite em mim. É o que é. E logo não vai ser mais. Eu quero usar cada fiapinho de energia e de consciência que eu ainda tiver, enquanto eu ainda tiver, pra encarar isso tudo de frente, de olho aberto, alerta na medida do possível. Eu não posso me dar ao luxo de discutir certas coisas. É bem isso que eu queria te dizer, meu bem. É bem isso que eu não posso mais discutir, que eu preciso que você aceite, ou negue de uma vez e me abandone aqui. Porque eu já decidi, eu já pensei e repensei e não tem mais pra onde ir. E eu não vou aceitar perder mais tempo.

3. As gêmeas

Um grande amigo uma vez me contou essa história, que aconteceu de verdade com suas filhas. Eu pedi autorização a ele pra colocar a cena na peça, mas ela acabou caindo nos ensaios.

Curiosamente, deixou uma cicatriz (mais uma). Afinal, há uma cena posterior em que Ana diz que é "a outra voz", sem maiores explicações.

Nesse momento, apesar de eu ainda usar o nome das atrizes para distribuir as falas, a personagem que viria depois a ser Lívia se chamava Bel, numa tentativa de integrar à peça a ideia original da Bete (antes mesmo de eu começar a escrever) de que o nosso título teria que ser *Babel*.

GIULIA:
A gente já teve essa conversa, Bel. Já tiveram essa conversa com a gente, desde menininhas.

BETE:
Claro. Claro que eu lembro. Da coisa da voz.

GIULIA:
Isso.

BETE:
A mãe me chamando, toda séria, toda delicada... e me perguntando "Sabe essa vozinha que fica falando dentro da tua cabeça o dia todo?" E eu, claro. Já meio intrigada com o tom sério dela. E ela "Sabe que a tua irmã também tem uma vozinha na cabeça dela? E que a dela é outra? É diferente da tua?" Me perguntando lá do jeito dela se eu entendia que a gente não era uma só.

GIULIA:
E você com a maior cara de espanto do mundo. Ela passou o resto da vida contando essa história.

BETE:
Foi acho que a coisa mais complicada que alguém me disse quando eu era pequena.

4. O mar

Em outro momento do processo nós pensávamos que, além das duas pessoas em cena, uma terceira figura, o dramaturgo, teria uma presença constante, quase física.

Ele se chamava Omar, e depois de desaparecer do texto, por algum tempo se metamorfoseou na figura de um Pai, a que as duas se referiam.

Essas duas ideias deixaram cicatrizes. Na expressão "o mar" e em quase uma dúzia de ocorrências da palavra "pai", normalmente como uma exclamação.

BETE:
Como assim? Ele, o'Omar? Escrever pra *você*? E eu? Ih, sei não. Eu sabia que isso ia ser esquisito. Na hora, na horinha, eu soube, eu farejo essas coisas. No que eu te vi com essa cara, com esse caderninho na mão, e essa de "Eu tenho que te falar um negócio" e tal e coisa, e coisa e tal.

GIULIA:
Não é nada disso. Não tem nada a ver com isso. Isso aqui não é teatro, não tem nada a ver com teatro, mulher. Eu pedi pra ele escrever porque é isso que ele faz da vida. E eu não.
[...]

BETE:
Ele passou o dia aqui ontem. Eu pedi pra ele vir, e ele veio.

GIULIA:
O'Omar?

BETE:
O'Omar.

GIULIA:
E eu?
   [...]

BETE:
Muito mais... fluida mesmo. Acho que é por ser um rio. Engraçado. Nunca tinha pensado nisso. Coisa mais doida.

GIULIA:
E o nome dele é Omar.

BETE:
Que que tem?

GIULIA:
O nome dele é "o mar". Parece piada de mau gosto.

5. As caras

A marca mais clara da presença de *Persona*, de Bergman (e do quanto a minha imaginação é mais baratinha que a dele), na nossa cabeça talvez fosse a cena a seguir, que acabou se transformando, na peça encenada, na cena dos "olhinhos de água funda", uma imagem que servia para frisar o tema da água e, claro, evocar os olhos escuros da Bete.

Só que na primeira versão eles eram "olhinhos de água clara", já que a fala seria dita pela Bete para Giulia Gam, que então devolveria a referência a um "narizinho perfeito", agora sim se referindo a Bete.

As trocas de atrizes, personagens, narizes e olhos acabaram reorganizando o texto todo.

GIULIA:
Vem aqui.

BETE:
Como assim. Eu já estou aqui com você, Bel...?

GIULIA:
Vem *aqui*. Perto de mim. Encosta aqui em mim.

Ela se aproxima, relutante, desconfiada.

GIULIA:
Você também está frouxa. Aqui embaixo do queixo. Molinha. Parece que a gente vai desistindo do rosto, largando mão de manter de pé uma fachada coerente pros outros. Às vezes parece que ficar velha é viver de pijama. A nossa cara vira uma cara de pijama. De meia frouxa, puída, de calça esgarçada. O elástico aparecendo no cós.

BETE:
Vocês duas são lindas. O Omar sempre falava. Fala, ainda. Ontem, até, ele tava me dizendo.

GIULIA:
Você continua com esse narizinho perfeito.

Elas continuam tocando no rosto uma da outra. Momento Persona. Bete acaba se aninhando em Giulia, quase como uma boneca, um bebê.

BETE:
Pode ir falando. O barulho do mar na minha cabeça tá um absurdo. Pode ir falando pra afogar o mar.

6. A patifaria

Esse termo, pra mim, é da Lindsay. E no uso dela se refere a qualquer ação mais "pastelão" em cena.

Deixamos aqui o registro de uma parte do texto que sofreu várias alterações para melhorar o ritmo da cena e, nesse processo, acabou saindo de uma concepção "horripilante" (registrada num comentário enviado com o texto para o grupo) para um momento abertamente cômico.

Muita coisa mudou entre o que você pode ler aqui e a versão que aparece no texto "final" da peça. Houve um enxugamento geral do diálogo para melhorar a condução da narrativa. Ok.

Mas acima de tudo aconteceu essa mudança de algo que na minha cabeça era pesado, um momento incômodo e quase assustador, para um momento que foi pouco a pouco, na mão da Bete, da Georgette, da Daniela, se transformando numa cena francamente hilária, na medida em que as atrizes foram se adonando do texto e improvisando cada vez mais soltas em cena, com a Bete, por exemplo, adequando sua caricatura às características de cada Lívia com que contracenava.

Um outro detalhe é a excisão da última ocorrência de "rútilo", que na minha cabeça ecoava outras situações em que a Lívia falava meio que com a plateia, por cima do texto da Ana:

Acontece no entanto que com a alteração geral desse trecho, com o destaque que ele foi ganhando, o fim da fala se transformou numa situação de aplauso em cena aberta, e essa palavra cortaria esse momento (os aplausos no meio da peça acabaram se transformando em parte do nosso conceito, já que as duas, afinal, são atrizes).

Falando em cicatrizes, mais uma vez: essa palavra, para mim (e a dúvida que ela representa: "Rútilo?? como é que foi que eu disse isso?"), é uma marca não de algo que foi retirado, mas de uma possibilidade que eu escolhi deixar em aberto, para ver se valeria a pena explorar mais profundamente: a ideia de que as duas começam aos poucos a se ver incomodadas com a posição de "personagens" e com sua relação com o "autor".

A essa altura, eu tinha finalmente aprendido a não pensar em termos de textos "prontos", mas de ideias que podem valer a pena. E deixar novas portas abertas pode ser tão importante quanto saber fechar outras.

LÍVIA:
Chhhhh. Por que é que você está fazendo isso comigo?

ANA:
[*fala exatamente com a mesma entonação*] Porque é que você está fazendo isso comigo, [*uma pausa*] ANA?

Podia ter um momento mais longo de silêncio aqui, e também depois da próxima frase de Lívia, ou só nesse segundo caso... A ideia é que as imitações que elas fazem uma da outra, vindo logo depois dessa discussão sobre elas serem ou não serem a mesma pessoa, devam mesmo ser meio horripilantes pros espectadores.

LÍVIA:
[*também imitando a entonação da outra*] Porque eu estou morrendo. Eu estou morrendo. Eu vou morrer. Eu já morri e esqueci de deitar. Eu sou a pessoa mais importante do mundo e só eu

levo o mundo a sério. Eu sou a peçonha mais empolgante do mudo e só entrego o fundo à fera. Ou coisa que o valha. Eu sou a Ana, a bela e boa Ana. Só eu sei como é ser Ana. Só eu sei ser Ana e não você. Você não sabe porque você não sabe nada, meu bem. Você é uma tonta que não serve pra nada de verdade. Você não entende o que é ser eu e estar morrendo. Eu. Eu me mim me ensimesmando em minha mim. Ananinaninani.

ANA:
[*devolve na mesma moeda*] Sério? Sério, você lembra aquele dia lá no lago com a chuva do cachorro que a gente nem tem mais e ainda nem tinha no dia lá do lago com a porra da chuva? E você quer borrar um copinho d'água? Eu até posso te dar um copo d'água porque eu sou jovem e jovial e juvenil. Juvenescente *soy*! Eu sou tão foda que sou que nem a lua, é só eu espalhar o meu brilho prateado que a água vem sozinha pra cima de mim. Tudo vem sozinho pra cima de mim enquanto eu saltito pelada pelas pradarias verdejantes do universo. Pelo mar.

Novo momento de silêncio.

LÍVIA:
[*por um momento esquece as regras do jogo...*] Ah mas, Ana, mas *Ana,* mas Ana. Você *precisa* ver o que ele está fazendo. É uma coisa tão... [*ela lembra e volta a soar e se mexer como Ana*] Conquanto, podê-lo hei-de? Não obstante! Pois que velha sou, e semijante. Decaída forma de quem outrora neste rútilo palco reluzira. Mera sombra, fiapos, vapor!... [*estranha ter usado a palavra e no meio da próxima fala de Ana diz:* Rútilo?]

ANA:

[*ainda tentando imitar Lívia, mas esse último golpe doeu*] Eu... eu não. Eu estou bem vivinha, e tal. Eu ainda vou estrear muita coisa. Muita novidade. Muito tempo. Teatro, teatro. E vida. No mundo, do mundo, pro mundo. Vida. Teatro. Vida real. [*a imitação vai se dissolvendo, perdendo o ímpeto*] Vida...

7. Adélia

Além dos poemas que ficaram na versão que foi aos palcos, a peça tinha outros recortes de textos, fragmentos de versos. Um dos mais interessantes era a inclusão de uma versão "remixada" de um poema de Adélia Prado ("A Serenata"), que conheci citado e recitado pela minha mulher, Sandra M. Stroparo, bem antes de a gente ficar junto, que dirá casar.

Bem antes de irmos envelhecendo os dois ao longo desses mais de vinte anos...

A cena toda caiu, levando o poema de roldão. Mas eu acabei insistindo em manter Adélia Prado no texto, ainda que apenas na telegráfica citação ao genial "Mulher é desdobrável".

Elas são.

A Sandra é.

ANA:
Eu não sei se a gente ainda tem salvação.

LÍVIA:
E faz diferença?

ANA:

Como assim "e faz diferença"? Eu estou tão cansada. O mundo anda tão longe. Cada vez... cada ano... cada dia... Você lembra a "Serenata"?

LÍVIA:

Na festa do seu aniversário? Aquela vez? Faz tanto tempo... foi antes do cachorro até.

ANA:

"Antes do cachorro." Pela madrugada.

LÍVIA:

Tá. Mas tá. Eu lembro. Lembro sim.

ANA:

Não essa. Não isso. A Serenata, o poema. Está vendo? Agora as suas esquisitices já estão em mim. Eu não preciso nem dessa sua mãozinha intrometida pra escrever no meu caderno. [recita] Eu mesma que escrevi aqui [folheia. Murmura] acho que fui eu.

Lua pálida e gerânios
ele viria com boca e mãos incríveis
tocar flauta no jardim.
Estou no começo do meu desespero
e descubro que estou chorando todo dia,
os cabelos entristecidos,
a pele assaltada de indecisão.
Quando ele vier, porque é certo que vem,
de que modo vou chegar ao balcão sem juventude?
A luz, os gerânios e ele serão os mesmos
— só a mulher entre as coisas envelhece.

LÍVIA:
Não tinha um *"exprrrobrro"* no poema? Eu odiava dizer aquilo.

ANA:
Era difícil mesmo. Eu pulei pra você.

LÍVIA:
Só a mulher entre as coisas envelhece.

ANA:
Só a mulher entre as coisas envelhece.

8. Rumi

Outro poema que caiu, e que na minha concepção original ajudava a ir preparando a ideia da "fusão" das duas numa só, através da água.

Uma citação diferente de Rumi — a ideia de que uma gota que cai no mar não se perde, mas ganha o oceano — esteve na nossa cabeça desde o começo. Mas na hora de incluir um poema dele acabei recorrendo ao que mais me marcou quando li pela primeira vez, e que me acompanha desde então.

Notinha nerd: a última frase desse trecho ainda vem do momento em que a morte do cachorro ocorria na sacada, não num lago. Por isso a repetição do tema da "queda".

ANA:
Lê uma coisa pra mim, então. Aqui. Tá aqui no meu caderno. Acho que fui eu que escrevi, eu nem sei diferenciar a nossa letra mais.

Encontra a página e passa o caderno.

LÍVIA:
[*lê sozinha*] Puta troço estranho.

ANA:
Lê.

LÍVIA:
O seu corpo está aqui,
entre nós,
mas seu coração já é das plantas.
Como flauta de junco,
você contém-se num corpo,
e guarda um som que sai num sopro lento.
Você mergulha:
Seu corpo é toda a roupa que ficou na areia,
música que sai de um mar sem praia,
De vagas que se espraiam e que estrondam no infinito.

LÍVIA:
O que que é isso?

ANA:
[*olhar perdido*]

LÍVIA:
O que que é isso, Ana?

ANA:
Não sei. Não lembro. Mas me dá um medo bom, hoje em dia. Uma alegria meio... terrível. Eu não sei pra onde estou indo. Eu estou me desfolhando. Eu vou me desfazendo. Você vai me soltar também. E eu vou cair sozinha.

9. Mahler

A última das citações era também a que tinha menos ligação intrínseca com a peça... A uma certa altura acho que eu já estava começando a transformar *Ana Lívia* num museu de afetos pessoais (e não é sempre isso que a gente faz?).

Trata-se do poema "Ich bin der Welt abhanden gekommen" ("Estou perdido para o mundo"), de Friedrich Rückert (1788-1866), musicado por Gustav Mahler (1860-1911) como parte do seu ciclo de canções chamado *Rückert-Lieder*.

A tradução do poema, nesse caso, é ainda mais livre que a dos poemas em inglês que ficaram na peça. É melhor pensar nela como uma pequena adaptação do texto.

BETE:
Lembra aquela música, Bel?

GIULIA:
"Lembra aquela música, Bel..."

BETE:
Você sabe qual.

GIULIA:
[*sem ler no caderno, sem cantar*]
Estou perdida para o mundo,
que antes me ocupava tanto;
Há muito nem sabe de mim:
Pode achar que eu já morri.
Pouco me importa
que me creia morta;
já não posso negar,
pois de fato morri para o mundo.

Morri para o estrondo do mundo,
e repouso num reino de paz!
Vivo sozinha no céu,
no meu amor
e no meu canto.

BETE:
"No meu amor e no meu canto." E em mim. A gente lembra as mesmas coisas ao mesmo tempo, está vendo. Foda-se o mundo. Em mim você não morre.

10. O fim?

A ideia de encerrar a peça com as últimas linhas do *Finnegans Wake* — o monólogo de Anna Livia — estava presente desde o começo.

Mas nós lidamos com muitas maneiras de encaixar o texto na peça antes de eu optar por incluir também uma frase adaptada de outro momento do livro (*Anna was, Livia is, Plurabelle's to be*, p. 215 do original) e de o grupo escolher gravar esse texto em estúdio, numa versão que serviria então de trilha para o incrível *coup de théâtre* que acabou virando o gesto final da montagem. O trecho a seguir documenta uma dessas várias versões anteriores do final da peça e ainda ilustra outras coisas.

A presença de Omar e do Pai (a esta altura fundidos numa figura só). O momento em que Ana ainda se chamava Leila, e que foi acompanhado de uma tentativa de pontilhar a peça com mais referências à "noite", que é o sentido do nome em árabe (sem contar que se num romance eu usei o nome Lia, aqui usava o apelido Lê... Talvez elas sejam da família Lemos). Um uso mais "didático" das citações de Joyce, que acabava levando a peça ainda mais para dentro do universo do *Finnegans Wake*, a ponto de, neste documento, ela ter deixado de se chamar *Babel* e passado a ser *A via*, ainda antes de se tornar *Lívia & Leila*, voltar a ser *Babel* e, pouco antes da estreia, ser batizada finalmente de *Ana Lívia*.

Além disso, fica a breve citação do *Macunaíma* de Mário de Andrade (1893-1945) — devidamente aspeada no texto — que servia como um aceno ao passado de Bete Coelho e Giulia Gam, que começaram sua amizade na famosa montagem de Antunes Filho.

Isso tudo numa fala que ainda termina citando a iluminação de Ananda ao ver uma flor que Buda lhe mostrava.

Sei lá... acho bonito.

E este, diga-se de passagem, foi um dos problemas.

Eu me encantei com essas duas, eu sentia muita ternura por elas (ainda hoje, relendo o momento em que a Ana diz que retirou uma palavra difícil do texto para a Lívia não tropeçar eu sinto uma onda de carinho pelo amor que acho que une as duas). E isso se somava a uma questão geral de temperamento (e de monotonia...?) para explicar que o meu reflexo tenha sempre sido terminar a peça em chave de delicadeza. Em conciliação.

Um procedimento, além do mais, que não desmente a filiação joyceana de *Ana Lívia*: Joyce gostava demais de finais que empregam o que eu costumo chamar de "dissolução em beleza".

Aqui foi bem diretamente a Daniela que enxergou outra necessidade. Na visão dela era necessário que houvesse conflito, atrito entre as duas no final. Houve mesmo um momento em que pensamos na ideia de inserir no texto a noção de que uma delas passasse a ter medo de ser morta pela outra, especialmente depois da revelação da verdadeira história da morte do cão.

Acho que (temperamento... monotonia...) eu nunca consegui corresponder à altura a resolver a contento essa questão no tom que a Daniela tinha percebido, e que me parecia de fato mais forte. Mais interessante e produtivo.

Mas o fato de que foi possível montar no palco aquele final perfeitamente coerente (e, mais ainda, espetacular!) atesta (como se ainda fosse preciso) a capacidade que tem a companhia de superar as limitações do autor.

Deixo aqui essa versão anterior como amostra do que poderia ter sido uma "via" ainda outra para a peça.

(Ao contrário dos outros trechos citados aqui, este foi ligeiramente retrabalhado.

Lendo, agora, eu mesmo fiquei surpreso com a lembrança, e me empolguei.

Ou seja: não acaba...)

LEILA:
Pai do Céu... sabe quanto tempo faz que ele escreveu essas coisas aqui, do caderno?

LÍVIA:
A gente não vê mais ele faz muito, muito tempo, Leila. Ele foi embora antes do cachorro, ainda.

LEILA:
Isso. Não tem mais ele. Ninguém tem mais pais. Não tem mais pai.

LÍVIA:
De onde essa história agora? [*ela joga o jogo da outra, como quem aceita as regras da brincadeira de uma criança*] Você disse que ele tinha vindo aqui ontem. De onde essa história, mulher?

LEILA:
[*hesita*] Faz mais de dois meses, já. Você tinha saído... com o cachorro.

LÍVIA:
Mas... então...

LEILA:
Então.

LÍVIA:
É que se faz mais tempo, então...

LEILA:
Pois é. Era só lá atrás que isso tudo fazia sentido de verdade.

LÍVIA:
E por que é que você não me disse lá atrás?

LEILA:
Como assim por quê? Como é que uma eu chega pra uma você e diz essas coisas assim na maior facilidade? Tomando um cafezinho? Eu estava me borrando de medo. Eu estou me borrando de medo de tudo isso, inclusive de falar dessas coisas com você. Eu demorei pra falar com ele e demorei pra falar com você. Eu já estou muito mais longe disso tudo. Eu já perdi muito tempo que não queria perder, meu bem.

LÍVIA:
"Uma eu"?

LEILA:
Uma nós. Uma a gente. Umas. Mia. Ré auté.

LÍVIA:
Você lembra aquele dia lá no lago? [*a frase não é mais uma pergunta de verdade, e também não é mais uma provocação, ou um desvio: é agora uma tentativa meio desesperada de encontrar apoio num ritmo, num padrão conhecido*]

LEILA:
Você é que vai ser uma daqui a pouco. Só uma. Sozinha.

LÍVIA:
Isso não existe.

LEILA:
Ainda não, meu bem. Ainda não.

LÍVIA:
[*começa uma frase indignada*] Você —

LEILA:
Se eu lembro aquele dia lá no lago? Mas claro. Como é que eu ia esquecer. O espírito dele pairava sobre a cerúlea face do abismo e você veio lá do outro lado caminhando por cima da água, com uma roupa toda branca de sexta-feira e puxando a sua lua por uma correntinha dourada. E as montanhas acordaram e o mundo caiu no azul exatamente no momento em que você abriu esse seu sorriso lindo. "Chorando luz, virada numa estrela." E eu ali na beira do lago com o nosso cachorro, que era filhotinho mas quase do tamanho de um urso. E de repente eu entendi que a flor bordada no seu vestido era a verdade, e a única verdade, e que nem mesmo ela ia existir do mesmo jeito, e pra sempre.

LÍVIA:
Você...

LEILA:
Eu.

LÍVIA:
Foi bem assim mesmo. [*e abre um sorriso*]

Elas passam um tempo perdidas pelo palco, sem saber para onde ir, o que fazer, o que dizer.

LEILA:
Você me disse que eram dois.

LÍVIA:
Dois o quê?

LEILA:
Dois trechos que ele tinha te mandado. Dessa coisa nova.

LÍVIA:
Você achou bonito o outro, meu amor?

LEILA:
Só depois que você explicou que não dava pra explicar.

LÍVIA:
Já era bonito antes.

LEILA:
Claro que era. Era lindo antes.

LÍVIA:
Ela não era mais. E no rio que for um fio descaiu-se uma lágrima, síngula lágrima, líndala lágrima acima de lôdas...

LEILA:
Então. Quem é que ia ter coragem de dizer que isso aí não é uma beleza?

LÍVIA:
Eu acho.

LEILA:
Mas você falou que tinha outro.

LÍVIA:
Tem.

LEILA:
E é bonito igual?

LÍVIA:
É mais, até.

LEILA:
Mais bonito que aquele?

LÍVIA:
Bem mais, eu acho.

LEILA:
E é pra você, esse. Lê?

LÍVIA:
Era tudo – [*ela se interrompe*] Sim... [*como se estivesse admitindo algo de que foi acusada*] Esse era pra ser eu mesma. É o fim.

LEILA:
O fim da peça? Da peça toda, já?

LÍVIA:
Por enquanto não é nada. Nem começou direito.

LEILA:
Mas já tem o fim?

LÍVIA:
Já. Ele diz que começou pelo fim, porque tanto faz.

LEILA:
Tanto faz?

LÍVIA:
É. É porque é redondo. Acaba meio segundo antes de começar. Recomeçar.

LEILA:

E ele quer montar como? Mais de um elenco? Um começando quando o outro acabar?

LÍVIA:

É. Nossa. Podia mesmo. Montar pra sempre. De quinta a domingo desde que o mundo é mundo. Nunca mais sair de cartaz. No mesmo horário.

LEILA:

Mas vocês não tinham pensado assim.

LÍVIA:

Não. De repente é bonito também. Ter fim mas não acabar.

LEILA:

Claro. Quem é que não ia achar bonito, né?

LÍVIA:

Eu acho.

LEILA:

E sobre o que que é, esse outro? O rio?

LÍVIA:

Isso. O rio. O nosso rio. Do seu Omar.

LEILA:

Claro.

LÍVIA:

E aí só que mas é o "fim", né? Precisa. O rio, ele está chegando na foz. No último pedaço do trajeto. Da vida. A mulher tá chegando nesse momento da vida, e o rio tá chegando no mar. E ela —

LEILA:
[*interrompe*] É uma mulher ou é um rio?

LÍVIA:
É pra ser tudo a mesma coisa. Não sei se tem diferença.

LEILA:
Claro.

LÍVIA:
Então...

LEILA:
Então.

LÍVIA:
Então ela está morrendo de medo desse momento, mas vai se alargando e perdendo meio que a unidade, vai se esgarçando quase, e vê que o mar está cada vez mais perto, e que a paisagem, as coisas, a vida, tudo vai ficando pra trás. E ela começa a se despedir de tudo, e também começa a...

LEILA:
A perder a umidade, meu bem. Você acabou de falar.

LÍVIA:
Não. Unidade. Ela começa a perder a unidade. Mas agora era outra coisa que eu ia dizer. Que eu tinha que dizer. Pra descrever.

LEILA:
E você ficou com medo, né? Tudo bem. Imagina eu o medo que tenho. Tudo bem. Pode falar...

LÍVIA:
Não. É só... enfim.

LEILA:
[*entendeu*] Pode falar, Leila. Pode dizer.

LÍVIA:
A cabeça, a memória dela vai começando a ficar mais bagunçada. As duas pontas da vida vão se atando. Ela está perto da foz, perto do fim, mas só pensa na infância. Pensa nesse mar onde vai se dissolver como se ele fosse o pai que um dia levou ela pra passear no parque. E que já morreu antes dela. Claro. Ali. De braços abertos. E ela vai tomando coragem e se deixando levar pela própria correnteza, se deixando ir. Se deixando ir...

LEILA:
Pro mar. Você tem razão. Um dia esse barulho começa mesmo.

LÍVIA:
Chhhh.

LEILA:
Eu não sei quando que começou. Mas um dia você percebe. Ele vai tomando espaço na sua cabeça. A maré vai subindo, sabe? E uma hora você percebe. E aí não tem mais como não saber. E ele também não pode fazer nada pra acabar com o zumbido. Nada. Ele fica ali. Que nem você falou. Ele não entende o que é o nosso oceano.

LÍVIA:
[*sorri*] Isso. Pro mar. De onde ela um dia vai evaporar de novo. E virar nuvem. E chover mais uma lágrima nesse mundo, e alimentar um outro rio. Ou o mesmo.

LEILA:
É você que está inventando isso tudo, né?

LÍVIA:
Você sabe que eu vou ficar de mão dada com você até acabar.

LEILA:
Claro... Foi você que escreveu isso tudo. Foi sempre você. Você sempre estava na minha frente. Desde aquele dia do lago. Eu vi. Eu vi tudo. Você e ele lá.

LÍVIA:
Você sabe que não pode ter sido o pai. Ele nem estava vivo.

LEILA:
Foi sempre você.

LÍVIA:
Fomos sempre nós duas.

LEILA:
Foi você que afogou o cachorro, então. Segurou a cabecinha dele embaixo d'água. Eu lembro. Sozinha.

LÍVIA:
Você sabe que eu vou te abraçar até isso tudo acabar.

LEILA:
Claro, Leila.

LÍVIA:
Eu às vezes acho que nem o seu Omar entendia de verdade...

LEILA:
Ele morreu faz tanto tempo. Não faz diferença. Inventa. Diz pra mim.

LÍVIA:
O fim?

LEILA:
O fim.

LÍVIA:

Não tem mais fim, no fundo, é fim sem findo enfim.

LEILA:

Eu estou tão cansada. Me conta tudo de uma vez. Segura a minha mão e me leva para passear no parque.

LÍVIA:

Descansa aqui comigo. Aqui em mim.

LEILA:

Faz quanto tempo que ninguém vem ver a gente?

LÍVIA:

Não se perde. Nada. Ah fim sem findo enfim.

LEILA:

[*sorri*] Você lembra aquele dia lá no lago, Leila? [*elas riem*] Só nós duas agora.

LÍVIA:

Só nós duas.

LEILA:

Vai. Acaba logo comigo e com o mar, Lê.

LÍVIA:

Ah fim sem findo enfim! [*alisa o cabelo de Leila*]

LEILA:

Enfim enfim enfim.

LÍVIA:

Hei de escopar antes que seargam. [*ela tem dificuldade para ler a última palavra*] Jamais verão. Nem saberão.

LEILA:
Jamais.

LÍVIA:
Nem saberão.

LEILA:
Nem ter lamentos. E é velha e velha é dorida e revelha é dorida e cansada que a ti remetorno, oh gelho pai...

LÍVIA:
Meu gelho e doidorido pai...

LEILA:
Meu gelho doidorido e medrontado pai, até que o mero aporte do seu belo porte, demilhas e milhas de nele, gemenente, me faça concha consalgada e que me elance, ó todo meu, nos braços teus. Vejo que sobem! Salva-me de horrendas lanças! Dois mais. Mais um--dois seareios. Assim. Avelaval. Minhas folhas de mim navegaram...

LÍVIA:
Todas.

LEILA:
Prende-se uma se penas. Guardá-la comigo. Por vocar-me de. Fff! Tão doce a manhã, essa nossa. Sim. Me enleva-me, pais, como um dia sem par nulo parque! Ouvisse agora cadente por mim sobasasas excãcãcãcaradas como quem vinha de Angeleno, subpeito que morrera por encima dem seus pés, humildomeldumilde, empura douração. Sim, pur. Queis onde! Primeiro. Roçamos a relva ao rés de arbustos rente arrumo. Cai-la! Evola. Gaivola. Longes vozes. Vou mindo, meu paz! Fim cá. Nós lá. Finn, alguém! Toma. Masquedoquejá, memimaismim! Té que miles de ti.

LÍVIA:
Pss...

LEILA:
Chhhhh...

LÍVIA:
As chaves de. Tidas.

LEILA:
A via a sola a fim a flora a vinda a via a sola a fim a flora a vinda
   a via a sola a fim
        a flora a vinda a via a sola a fim
            a flora a vinda a via a sola a fim a flora a
            vinda a via a sola a fim
            a flora a vinda a via a sola a fim a flora a vinda
          a via a sola a fim a flora a vinda a via a sola
  a fim a flora a vinda
        a via a sola a fim a flora a vinda a
            via a sola a fim a
                flora a vinda
                            a via

CIP-BRASIL. CATALOGAÇÃO NA PUBLICAÇÃO
SINDICATO NACIONAL DOS EDITORES DE LIVROS, RJ

G156a

Galindo, Caetano W.

Ana Lívia e outras mulheres / CaetanoW. Galindo. - 1. ed. - Rio de Janeiro : Cobogó, 2025.

136 p. ; 19 cm. (Dramaturgia)

ISBN 978-65-5691-164-9

1. Teatro brasileiro. I. Título. II. Série.

25-97107.0   CDD: B869.2
             CDU: 82-2(81)

Gabriela Faray Ferreira Lopes - Bibliotecária - CRB-7/6643

© Editora de Livros Cobogó, 2025

Editora-chefe
Isabel Diegues

Coordenação editorial
Julia Barbosa

Coordenação de produção
Melina Bial

Assistente de produção
Jade Gomes

Revisão final
Carolina Falcão

Projeto gráfico de miolo e diagramação
Mari Taboada

Capa
Celso Longo + Daniel Trench

Fotografia da capa
Annelize Tozetto

A opinião dos autores deste livro não reflete necessariamente a opinião da Editora Cobogó.

Nenhuma parte desta obra pode ser reproduzida, adaptada, encenada, registrada em imagem e/ou som, ou transmitida de nenhuma forma ou por nenhum meio, sem a permissão expressa e por escrito da Editora Cobogó.

Todos os direitos reservados à
Editora de Livros Cobogó Ltda.
Rua Gen. Dionísio, 53, Humaitá
Rio de Janeiro – RJ – Brasil – 22271-050
www.cobogo.com.br

COLEÇÃO DRAMATURGIA

ALGUÉM ACABA DE MORRER LÁ FORA, de Jô Bilac

NINGUÉM FALOU QUE SERIA FÁCIL, de Felipe Rocha

TRABALHOS DE AMORES QUASE PERDIDOS, de Pedro Brício

NEM UM DIA SE PASSA SEM NOTÍCIAS SUAS, de Daniela Pereira de Carvalho

OS ESTONIANOS, de Julia Spadaccini

PONTO DE FUGA, de Rodrigo Nogueira

POR ELISE, de Grace Passô

MARCHA PARA ZENTURO, de Grace Passô

AMORES SURDOS, de Grace Passô

CONGRESSO INTERNACIONAL DO MEDO, de Grace Passô

A PRIMEIRA VISTA | IN ON IT, de Daniel MacIvor

INCÊNDIOS, de Wajdi Mouawad

CINE MONSTRO, de Daniel MacIvor

CONSELHO DE CLASSE, de Jô Bilac

CARA DE CAVALO, de Pedro Kosovski

GARRAS CURVAS E UM CANTO SEDUTOR, de Daniele Avila Small

OS MAMUTES, de Jô Bilac

INFÂNCIA, TIROS E PLUMAS, de Jô Bilac

NEM MESMO TODO O OCEANO, adaptação de Inez Viana do romance de Alcione Araújo

NÔMADES, de Marcio Abreu e Patrick Pessoa

CARANGUEJO OVERDRIVE, de Pedro Kosovski

BR-TRANS, de Silvero Pereira

KRUM, de Hanoch Levin

MARÉ/PROJETO BRASIL, de Marcio Abreu

AS PALAVRAS E AS COISAS, de Pedro Brício

MATA TEU PAI, de Grace Passô

ÃRRÃ, de Vinicius Calderoni

JANIS, de Diogo Liberano

NÃO NEM NADA, de Vinicius Calderoni

CHORUME, de Vinicius Calderoni

GUANABARA CANIBAL, de Pedro Kosovski

TOM NA FAZENDA, de Michel Marc Bouchard

OS ARQUEÓLOGOS, de Vinicius Calderoni

ESCUTA!, de Francisco Ohana

ROSE, de Cecilia Ripoll

O ENIGMA DO BOM DIA, de Olga Almeida

A ÚLTIMA PEÇA, de Inez Viana

BURAQUINHOS OU O VENTO É INIMIGO DO PICUMÃ, de Jhonny Salaberg

PASSARINHO, de Ana Kutner

INSETOS, de Jô Bilac

A TROPA, de Gustavo Pinheiro

A GARAGEM, de Felipe Haiut

SILÊNCIO.DOC, de Marcelo Varzea

PRETO, de Grace Passô, Marcio Abreu e Nadja Naira

MARTA, ROSA E JOÃO, de Malu Galli

MATO CHEIO, de Carcaça de Poéticas Negras

YELLOW BASTARD, de Diogo Liberano

SINFONIA SONHO, de Diogo Liberano

SÓ PERCEBO QUE ESTOU CORRENDO QUANDO VEJO QUE ESTOU CAINDO, de Lane Lopes

SAIA, de Marcéli Torquato

DESCULPE O TRANSTORNO, de Jonatan Magella

TUKANKÁTON + O TERCEIRO SINAL, de Otávio Frias Filho

SUELEN NARA IAN, de Luisa Arraes

SÍSIFO, de Gregorio Duvivier e Vinicius Calderoni

HOJE NÃO SAIO DAQUI, de Cia Marginal e Jô Bilac

PARTO PAVILHÃO, de Jhonny Salaberg

A MULHER ARRASTADA, de Diones Camargo

CÉREBRO_CORAÇÃO, de Mariana Lima

O DEBATE, de Guel Arraes e Jorge Furtado

BICHOS DANÇANTES, de Alex Neoral

A ÁRVORE, de Sílvia Gomez

CÃO GELADO, de Filipe Isensee

PRA ONDE QUER QUE EU VÁ SERÁ EXÍLIO, de Suzana Velasco

DAS DORES, de Marcos Bassini

VOZES FEMININAS — NÃO EU, PASSOS, CADÊNCIA, de Samuel Beckett

PLAY BECKETT — UMA PANTOMIMA E TRÊS DRAMATÍCULOS (ATO SEM PALAVRAS II | COMÉDIA/PLAY | CATÁSTROFE | IMPROVISO DE OHIO), de Samuel Beckett

MACACOS — MONÓLOGO EM 9 EPISÓDIOS E 1 ATO, de Clayton Nascimento

A LISTA, de Gustavo Pinheiro

SEM PALAVRAS, de Marcio Abreu

CRUCIAL DOIS UM,
de Paulo Scott

MUSEU NACIONAL
[TODAS AS VOZES DO FOGO],
de Vinicius Calderoni

KING KONG FRAN,
de Rafaela Azevedo e Pedro Brício

PARTIDA, de Inez Viana

AS LÁGRIMAS AMARGAS
DE PETRA VON KANT,
de Rainer Werner Fassbinder

AZIRA'I — UM MUSICAL DE
MEMÓRIAS, de Zahy Tentehar
e Duda Rios

SELVAGEM, de Felipe Haiut

UM JARDIM PARA TCHEKHOV,
de Pedro Brício

SETE MINUTOS,
de Antonio Fagundes

DOIS DE NÓS,
de Gustavo Pinheiro

LADY TEMPESTADE,
de Sílvia Gomez

NÃO ME ENTREGO,
NÃO!, de Flávio Marinho

MARIPOSAS AMARILLAS,
NÃO!, de Inez Viana

COLEÇÃO DRAMATURGIA ESPANHOLA

A PAZ PERPÉTUA, de Juan Mayorga | Tradução Aderbal Freire-Filho

ATRA BÍLIS, de Laila Ripoll | Tradução Hugo Rodas

CACHORRO MORTO NA LAVANDERIA: OS FORTES, de Angélica Liddell | Tradução Beatriz Sayad

CLIFF (PRECIPÍCIO), de José Alberto Conejero | Tradução Fernando Yamamoto

DENTRO DA TERRA, de Paco Bezerra | Tradução Roberto Alvim

MÜNCHAUSEN, de Lucía Vilanova | Tradução Pedro Brício

NN12, de Gracia Morales | Tradução Gilberto Gawronski

O PRINCÍPIO DE ARQUIMEDES, de Josep Maria Miró i Coromina | Tradução Luís Artur Nunes

OS CORPOS PERDIDOS, de José Manuel Mora | Tradução Cibele Forjaz

APRÈS MOI, LE DÉLUGE (DEPOIS DE MIM, O DILÚVIO), de Lluïsa Cunillé | Tradução Marcio Meirelles

COLEÇÃO DRAMATURGIA FRANCESA

É A VIDA, de Mohamed El Khatib | Tradução Gabriel F.

FIZ BEM?, de Pauline Sales | Tradução Pedro Kosovski

ONDE E QUANDO NÓS MORREMOS, de Riad Gahmi | Tradução Grupo Carmin

PULVERIZADOS, de Alexandra Badea | Tradução Marcio Abreu

EU CARREGUEI MEU PAI SOBRE MEUS OMBROS, de Fabrice Melquiot | Tradução Alexandre Dal Farra

HOMENS QUE CAEM, de Marion Aubert | Tradução Renato Forin Jr.

PUNHOS, de Pauline Peyrade | Tradução Grace Passô

QUEIMADURAS, de Hubert Colas | Tradução Jezebel De Carli

COLEÇÃO DRAMATURGIA HOLANDESA

EU NÃO VOU FAZER MEDEIA, de Magne van den Berg | Tradução Jonathan Andrade

RESSACA DE PALAVRAS, de Frank Siera | Tradução Cris Larin

PLANETA TUDO, de Esther Gerritsen | Tradução Ivam Cabral e Rodolfo García Vázquez

NO CANAL À ESQUERDA, de Alex van Warmerdam | Tradução Giovana Soar

A NAÇÃO — UMA PEÇA EM SEIS EPISÓDIOS, de Eric de Vroedt | Tradução Newton Moreno